教師のための
教育相談の基礎

久芳 美恵子 著

はじめに

　教師になって初めて教師の仕事の多さと忙しさに驚いた。毎日の授業とその準備、部活動等子どもと直接かかわる仕事以外に、職員会議、学年会、各種委員会等々と子どもたちが下校してもほっとする間もなかった。なかでも新米教師が心身共に「疲れた！」と感じたのは、生徒指導であった。休みがちな子への家庭訪問、万引きをした子の指導で保護者と話し合ったり、当該の店に一緒に謝りに行ったりと、あたふたとしているうちに一日が暮れていた。もう30年も前のことである。当時はそれなりに大変であったが、今思うと、そのころの子どもの行動や気持ちはある程度読め、教師としての対応も明確だったような気がする。

　今、ベテラン教師が「子どもたちの行動が予測できない」と嘆き、指導に苦慮している。

　オイルショック、バブル経済とその崩壊、長引く不況と目まぐるしく社会が変わる中で、その歪みをもっとも敏感に感じとるのが子どもたちであろう。少子化にもかかわらず増えつづける不登校。突然キレて他者を殺傷するいわゆる"普通の子"。「気持ちが落ち着く」と常時ナイフを懐にしのばせている子。子どもたちの寂寞感やささくれだった心が窺える。このような問題と同時に、危惧されているのは多くの子どもたちを覆う学ぶ意欲・やる気のなさである。「めんどくさい」と言っては手を出さない、失敗を恐れて最初からやらない、ちょっとつまずくと止めてしまう等々、枚挙にいとまない。学習以前の多くの課題を抱えている。

　教育相談が学校に導入された当初は、不登校等の問題を示す子どもへの対応が主であったが、現在では子どもの成長を援助する教師のあり方として、教育活動全体で生かしていくものと考えられるようになった。「きれいな色だね！」と褒められたことがきっかけで染色の仕事につい

た人、授業を通して言葉の面白さを気づかされ歌人となった人。教師の一言や興味深い授業を受けたことが将来の進路につながることはよく聞く話である。

今、教師が行う教育相談に求められていることは、問題行動への対応という治療的かかわりとともに、自己実現に向けて日々の活動に意欲的に取り組めるように個々の子どもを援助するかかわりなのである。

本書は、筆者が教員研修に携わった経験をもとに、教師が行う教育相談とは何かを具体的に記述することを心掛けた。内容は大きく二つに分けることができる。第1部から第5部までは、「教育相談とはなにか」「教師が行う教育相談」の特徴、「各問題行動の知識」、そして、他者を理解するための基礎である「教師自身の自己理解」について、教育相談の基本的事柄を記述した。第6部から第8部は、教育相談の姿勢を教育活動に生かすとはどういうことか、「事例研究」、「グループエンカウンター」等々を含め、教師のかかわりを具体的に記述した。

また、本書の特徴は、見開き2ページが一項目で、読者の興味関心のあるところから読んでいただけることと、本文の核心を表現したイラストにある。イラストを担当した高橋さんには、各項目に込めた筆者の意図するところを的確に表現していただいた。特に秀逸なのは子どもの表情であり、現職の幼稚園教諭である彼女の子どもへの温かな眼差しが感じられる。本書は彼女のイラストなしには存在しない。

教師をめざす学生や教師になって間もない若い方々だけでなく、教師が行う教育相談を再確認したいと思っておいでの先生方にも利用していただけると幸いである。

平成15年2月

目次

はじめに

第1部 なぜ「教育相談」なのか

第1章　とらえきれない「子どもの変化」… 8

第2章　今、なぜ「教育相談」なのか……… 10

第3章　教師による教育相談の変遷 …… 12

第2部 教師が行う教育相談

第1章　教師は教育相談で何をするのか … 16

第2章　生徒指導と教育相談 ……………… 18

第3章　専門機関との共通点と相違点 …… 20

第4章　教師による教育相談の基本的考え

　1）教師はいつも見られている ………… 22

　2）指導する前に理解しようとする姿勢 … 24

第3部 教育相談の基本の考え方

第1章　教育相談は援助機能 ……………… 28

第2章　今、目の前にいる子どもを受容 … 30

第3章　共感的理解とは …………………… 32

第4章　行為は認めず、気持ちを受容 …… 34

第5章　理解されることで行動が変わる … 36

第4部 子ども理解のための基礎知識

第1章　子どもの発達 ……………………… 40

第2章　欲求の階層 ………………………… 42

第3章　発達課題 …………………………… 44

第4章　最近の子どもの特徴 ……………… 46

第5章　問題行動とは

　1）問題行動のとらえ方 ………………… 48

　2）問題行動が起こるとき ……………… 50

　3）問題行動の分類 ……………………… 52

第6章　学校の指導が求められる問題行動

　1）不登校
　　①不登校とは ………………………… 54
　　②不登校の経過：登校しぶり ……… 56
　　③不登校の経過：混乱・進行期 …… 58
　　④不登校の経過：回復期 …………… 60
　　⑤よく見られる不登校のパターン … 62

　2）いじめ
　　①いじめとは ………………………… 64
　　②いじめの4層構造 ………………… 66
　　③いじめのパターン（心理と構造）… 68
　　④いじめの態様 ……………………… 70

3）少年非行 ……………………………… 72
4）児童虐待
　①児童虐待とは ……………………… 74
　②児童虐待の現状 …………………… 76
5）LD（学習障害） …………………… 78
6）ADHD（注意欠陥/多動性障害） … 80
7）かん黙
　①かん黙とは ………………………… 82
　②かん黙：家と学校 ………………… 84

第5部 子ども理解に先立つ教師の自己理解

第1章 一人ひとりが異なる
1）感じ方・見方はさまざま ………… 88
2）行動と感情 ………………………… 90
3）人はだれでも多面体 ……………… 92
4）人それぞれが異なる見方 ………… 94

第2章 教師自身の自己理解
1）自分自身を知ること ……………… 96
2）現実の自分と理想の自分
　①自己理解：交流分析（TA）……… 98
　②自己理解：エゴグラム …………… 100
3）自分の見方の幅を広げる
　①自己理解の四つの窓 ……………… 102
　②自分の見方だけがすべてではない … 104
　③視点を変えると見えてくる ……… 106

第6部 教育相談の考えを生かした指導

第1章 子どもの理解
1）子どもは本来伸びようとするもの … 110
2）マイナス面だけにとらわれない …… 112
3）「いい子」すぎる子は要注意 ……… 114
4）友達はその子を映す鏡 …………… 116

第2章 子どもとのかかわり：基本
1）子どもとともに喜び悲しむ ……… 118
2）「完璧な大人」を演じない ………… 120
3）先入観をもたない ………………… 122
4）教師面談
　①教師の面接の特徴 ………………… 124
　②面談の声をかけるとき …………… 126
　③また話したくなる心配り ………… 128

第3章 子どもとのかかわり：育てる
1）明確な行動枠を示す ……………… 130
2）教師は他者受容のモデル ………… 132
3）自己表現力を育てる ……………… 134
4）耐性を育てる ……………………… 136
5）人とのかかわり方を育てる ……… 138
6）教師のことば
　①やる気を引き出すことば ………… 140
　②子どもを傷つけることば ………… 142

目次

第4章 子どもの変化をとらえる
1) 変化の初期を見取る ……………… 144
2) 一人一人のベースライン ………… 146
　　：記録の仕方
3) 子どもは日々変化する …………… 148

第5章 保護者との関係づくり
1) 保護者とよい関係をきずく ……… 150
2) 障害児の保護者の心情
　① 障害受容のプロセス …………… 152
　② 保護者の願い …………………… 154

第7部 事例研究

第1章 事例研究とは何か ……………… 158

第2章 事前準備
　　：事例レポートの書き方 ………… 160

第3章 事例研究会の実施
1) 事例研究会当日の進め方 ………… 162
2) 事例研究で教師の陥りやすいこと … 164

第4章 事例を考えるポイント ………… 166

第5章 事例研究のための模擬事例 …… 168
1) 幼稚園
2) 小学校
3) 中学校

第6章 校内連携で早期解決 …………… 174

第8部 人間関係を育てるかかわり

第1章 エンカウンターとは …………… 178

第2章 エクササイズの実際
1) 学級で実施するとき ……………… 180
2) 学年初めのエクササイズ例 ……… 182
3) 関係を深めるエクササイズ例 …… 184

付録

■ 相談に関する主な諸機関 …………… 186
■ 児童虐待の防止等に関する法律 …… 187
■ 教育相談の姿勢を
　　生かした授業の視点 ……………… 188

索引 ……………………………………… 190

第1部 なぜ「教育相談」なのか

とらえきれない「子どもの変化」

とらえきれない「子どもの変化」

　IT革命、グローバリゼイション、高度成長からバブルの崩壊それに伴う停滞と、社会の変化は目まぐるしく激しい。
　その影響を最も敏感に受けるのは子どもたちであり、その心と行動は急速に変化している。
　10数万人を越す不登校。
　80年代のボスを頂点とした組織化された集団による校内暴力とは異なる様相を見せ、同時多発的に起こる個人による校内暴力。
　それまで目立った問題行動のない子が突然振るう凶暴な暴力。
　これら多くの例を見るまでもなく、耐性の乏しさや突出した攻撃性、他人に迷惑をかけなければ何をしてもかまわないという規範意識の薄さ、一人一人がバラバラで人間関係が希薄である等々の子どもに見られる特徴は、一部の特別な者だけのものではなく、子どもたち全体をおおっている変化である。
　日常の学校生活では、授業中のおしゃべりや立ち歩きはもはや珍しい現象とは言えないほど、集団生活の基本的なルールが未学習である子が少なくない。また、失敗を恐れて新しいことに手を出さない、やり始めてもうまくいきそうもないと思っただけで止めてしまう、ちょっと失敗するとすぐあきらめるなど、自信のなさも目立つ。そして、学習でも遊びでも自分の思いどおりにいかないと、パニック状態になるなどの不安感の高い子が、増えている。
　教師や保護者は子どもたちの行動を予測できず、対応に追われ、心身ともに疲れ果てているのが現状である。学校では、学級経営に手腕を発揮してきたベテランといわれる教師が、子どもの変化にとまどい、今までのかかわり方が通じない子どもに振り回され、学級崩壊寸前という状況が少なくない。

今、なぜ「教育相談」なのか

子どもの心の声を聴く

　子どもの心や行動の変化は、従来の"子どもとはこういうものだ"とか"あるべき子ども像"といったような枠組みでは理解しがたく、対応も今までのやりかたでは通用しない。したがって、子どもが何をどう感

じているのかを、大人の立場や常識から推測するのではなく、子どもたちの心の叫びに耳と心を傾け、子どもの側に立った理解と対応が迫られている。

　カウンセラーの仕事は、「精神的・心理的援助を必要とする人に心理学を基礎にした人間理解と援助をすること」(平木　典子　1989)と言われている。

　内面の混乱を問題行動等で示している子どもの話に真摯に耳を傾けることから始め、子どもが自分の気持ちを整理し、問題に向き合い、最終的には問題を解決して自己変容に至るプロセスを支え、援助するというものである。信頼関係を基に、子どもの訴えを中心にすえ、共に考えていく中で、子ども自身が自分の気持ちに気づき、自己を見つめるようになるのである。

カウンセリング・マインドは"人間への信頼"

　「カウンセリング・マインド」は、カウンセリングの諸理論や方法に共通する「人間関係を大事にする」姿勢を、子ども理解とその対応に生かそうとするものである。そのなかでも、子どもの気持ちを受け入れて話を聴く姿勢には、人は本来よき方向に伸びようとする力、成長しようとする力をもっており、問題行動等は、さまざまな理由によりその力が発揮できない状態であるから、それが発揮できるように援助をすればよいという、肯定的な人間観が根底にある。カウンセリング・マインドの基本は、自分をも含めた"人間への信頼"である。

　親子関係、また教育の場での教師と子どもの関係も、本来的には子どもとの信頼関係の上に成り立つものであるが、必ずしもそうでない不幸な現状が、今日の子どもたちの"荒れ"に現れていると言えよう。

　従来の枠組みではとらえきれない子どもの心を理解し、健やかな成長を促す対応を探るために、大人の在り方を変える必要がある。それが、カウンセリング・マインドが求められるゆえんであろう。

教師による教育相談の変遷

学校で教師が行う教育相談の経緯

年代	社会状況	青少年問題	指導の基本姿勢	指導者 形態 対象
	第2次世界大戦			
昭和23年		児童相談所開設	管理的な生活指導	
昭和25年（1950年）	朝鮮戦争 特需	少年非行の第1ピーク 貧困による		
昭和30年代	高度成長		学校教育相談	
		登校拒否の増加	「心理療法の模倣・移入」	・特定の教師
昭和38年（1963年）	東京オリンピック	少年非行の第2ピーク	専門機関のカウンセリングのやり方を模倣・移入	・相談室中心 ・問題のある子ども
昭和43年	大学紛争激化			
		塾通い増加		
昭和56年（1981年）		少年非行の第3ピーク ・家庭内暴力 ・校内暴力 ・いじめ	「教育相談の態度・方法の活用」 専門機関の基本的な考え方や態度を教育指導の中に活用	昭和56年 SC研修開始 ・全教員 ・全教育活動で ・すべてのこども
昭和61年（1986年）	地価急騰			「いつでも、どこでも、だれでも」
	バブル崩壊			
平成4年（1992年）		学校週5日制導入開始（隔週）		

「心理療法の模倣」の時期

　学校に教育相談が最初に導入されたのは1960年代（昭和30年代後半）であった。当時の社会状況は、朝鮮戦争の特需のあと高度経済成長が始まり、1964（昭和39）年には東京オリンピックが開催される等、活況を呈していた。一方、子どもたちの状況は、オリンピックの前年1963年（昭和38年）に第2次世界大戦後の少年非行の第2のピークを迎え、登校拒否も増加していた。この時期に学校に導入された教育相談は、病院や教育センターなどの専門機関のカウンセリングの方法を模倣し、そのまま移入するものであった。それは、研修を受けた特定の教師が、問題行動を示す子どもたちを対象に、相談室で面接を中心としたかかわりをするものである。この教育相談は多くの教師の支持を得るには至らず、一部では反発を買うことになった。というのも、相談担当者が相談の守秘義務を必要以上に強調するあまり、相談内容は言うまでもなく、相談に来る者の氏名すら他の教師に知らせなかったり、子どもに相談を勧めた担任教師にも経過を報告しなかったりするなど、問題解決に向けての教師間の指導の連携が進まなかったことによる。相談担当者が校内で浮いた存在となる場合も少なくなかった。

「教育相談の態度・方法を活用する」カウンセリング・マインド期

　一時減少した少年非行も1973年から上昇に転じ、1981年（昭和56年）に少年非行は第3のピークとなり、校内暴力、家庭内暴力、いじめ等が多発する。この時期に教育相談は、以前の反省をもとに、全教師が問題行動を示す子どもだけではなく、すべての子どもに、カウンセリング・マインドを生かしてかかわるという、専門機関の基本的な考え方や態度を全教育活動に活用する方向になった。「いつでも・どこでも・だれでも」の教育相談の始まりである。

第2部 教師が行う教育相談

教師は教育相談で何をするのか

「教師の仕事って、毎日の授業と生徒指導。それにクラブや部活の指導とかもある。……教育相談って何？　教師が何をするの？　不登校の子どもの指導とか、三者面談とかも関係あるのかな……」

教育相談の定義

「一般に、幼児・児童・生徒などの教育上の問題に関し、本人、その両親または担任教師などと面接し、適切にして有効な指導や助言を行うことである。この場合、専門的教養のあるものがこれに当たる。
　問題事項によって、次の二つに分けられよう。
　開発的教育相談──正常児に対すもので、家庭教育のありかた、教科学習法、特別活動や校外生活などの指導、あるいは、進路指導などが含まれよう。
　治療的教育相談──心因性の問題を持つ子供に対するもので、非社会的問題行動、諸種の習癖や悪癖、反社会的問題行動、あるいは神経症等の治療指導などを扱う……」

(『児童臨床心理学事典』 内山喜久雄 岩崎学術出版より)

学校で行う教育相談とは

　教育相談は心因性の問題を示す子どもへの治療的側面と、心理的に比較的健康な大半の子どもへの開発的側面の2側面がある。
　従来、学校で教師が行う教育相談と言うと、不登校やいじめ等の問題行動のある子への個別の対応がほとんどを占めていた。
　現在でもその側面は重要であるが、問題行動が表面化してからの対応は、学校のみで解決することにこだわらず、相談の専門機関と連携した上で、学校の果たすべき役割を認識したい。
　それに対して、開発的側面は日々取り組まれている教育活動そのものであり、子どものよりよい自己実現に向けた教師の援助・指導のあり方と言える。教師が日常のすべての教育活動の中で、その力量を十分に発揮できる側面である。

生徒指導と教育相談

子どもの意欲を引き出す授業

子どもの不安や悩みの相談

生徒指導と教育相談の関係

生徒指導	指導のねらい	対象	教育相談
積極的側面	生徒の人格あるいは精神的健康を より望ましい方向に推し進める	すべての生徒	開発的側面
消極的側面	適応上の問題や、心理的な障害をもつ いわゆる問題生徒に対する指導	問題生徒	治療的側面

生徒指導とは

　生徒指導は学習指導とともに学校教育の基本的な機能であり、担う領域は進路指導、学業指導、健康指導、道徳性・社会性指導などがある。
　その目的は、子どもの人格の発達を援助することにあり、二つの側面をもつ。それは、「生徒の人格あるいは精神的健康をより望ましい方向に推し進める」ことを、指導のねらいとする"積極的側面"と、「適応上の問題や、心理的な障害をもついわゆる問題生徒に対する指導」をねらう"消極的側面"である。そのねらいから、"積極的側面"はすべての生徒が指導の対象であり、"消極的側面"は問題生徒が対象とされる。

教育相談と生徒指導の関係：これからの教育相談

　教育相談は生徒指導の一環として位置づけられており、しかもその中心的な役割を担うものであると言われる。教育相談が生徒指導に導入された当初は、適応上問題がある子どもへの具体的対応策（ノウハウ）としてであったが、しだいに子どもの成長を援助する教師の在り方として、教育相談の考え方や技法が積極的にとらえられるようになった。現在では、生徒指導だけでなく教育活動全体に教育相談の考え方が必要とされ、教師として身につけておくべきものと考えられるようになった。
　教育相談の定義（p17）で記述した教育相談の二つの側面は、生徒指導の一側面と重なる。つまり、生徒指導の"消極的側面"は、心因性の問題をもつ子どもへの対応である教育相談の"治療的側面"であり、一方、すべての子どもを対象とした"積極的側面"は、教科学習や進路の相談等の教育相談の"開発的側面"に一致する。
　教師が日常のすべての教育活動の中で、一人一人の子どもの自己実現のために果たす"開発的側面"は、教師が行うこれからの教育相談の中心を担うものであろう。

専門機関との共通点と相違点

学校と専門機関の相談の相違点

	学校での教育相談	専門機関の教育相談
相談内容	勉学・生活・その他	問題行動の改善
対象	全部の子ども・保護者	問題行動のある子・保護者
相談担当者	全教職員	相談担当の専門家
相談への来方	呼び出し、チャンス、自主来談	自主来談
相談の場	校内のあらゆる場	相談室・面接室
相談前の関係	教師と児童・生徒、保護者という関係	未知の関係
相談の機会	偶然、予約	予約制（週1回 等）

学校と専門機関の相談の共通点　：　成長への援助

教師が行う教育相談と専門機関の教育相談の相違点

　①相談内容は、専門機関では問題行動の改善が主であるが、学校では問題行動以外に、教科学習法や進路指導や家庭教育が含まれる。
　②対象は、相談内容からおのずと専門機関では問題行動のある子とその子の対応に苦慮している保護者であり、学校のそれは問題行動の有無に関係なく全児童・生徒とその保護者となる。
　③相談担当者は、専門機関では心理や教育の専門家、時には医師がこれに当たる。学校では、担任教員に限らず専科や養護教諭、必要に応じて校長・教頭の管理職、すべての教職員が担当者である。
　④相談への来方は、専門機関では保護者や子どもが「相談をしたい」と思い、自ら出向く"自主来談"である。学校ではその多くが「呼び出し面接」である。「呼び出し面接」には、三者面談のような定期的なものと、必要に応じて行われるものがある。そのほかには、たまたま学校で教師が声を掛けて短時間話をする「チャンス面接」がある。いずれにせよ、学校では教師側の必要から相談が実施されることが多い。
　⑤相談の場は、専門機関では相談室または面接室等で行う。学校では教室や廊下、保健室、校庭等々の校内のあらゆる場が利用される。
　⑥相談以前の来談者と相談者の関係は、専門機関では相談の第1回目に初めて顔を合わせるが、学校では教師と子ども・保護者は相談以前からの既知の関係にある。相談以前の関係が教育相談時の子どもや保護者に大きな影響を与えることは、容易に想像できるであろう。人はだれでも、相談ごとは信頼する人にするものであり、また、信頼している人なら多少厳しいことを言われても耳を傾けられる。ふだんからよい人間関係を築いておけば、問題がおきたときの子どもの指導も、また、保護者からの協力も得やすいのである。

1）教師はいつも見られている

教育相談の考え・姿勢を教育活動に生かすとは、専門機関の相談員のような心理治療の力量を身に付け、カウンセラーのような面接をすることではない。教師に求められているものは、心理治療の中で展開される信頼関係づくりや、自己洞察から行動変容に至るプロセスから得られたさまざまな知見を学び、消化し、子ども理解から教科指導まで日常の教育活動の中に生かしてゆく力である。その基本は人間関係である。

日ごろの人間関係が基本

　"Aさんの言うことには素直に耳を傾けられるのに、BさんがAさんと同じことを言っても受け入れられない"ということがある。それは、"何が言われているか"よりも"だれが"言っているかに反応するからにほかならない。相手のことばを受け入れるか、聞き流すか、反発するかは、その人と自分の関係の深さや善し悪しが決め手となる。
　専門機関と違って、学校の教師と子ども・保護者の関係は相談以前から始まる（p21）。担任であるなしにかかわらず、子どもが学校に入ったときから関係が始まる。子どもたちは、自分に対する教師の言動だけでなく、他の子どもにその教師がどう接しているかをよく見ている。「煙草を吸っているのを見たのに黙ってた」とか「ゴミを拾った子に『えらいね』って声をかけた」等々、教師の言動は、子どもたちにすべて見られていると言ってよい。そして、そこから"好きな先生""嫌いな先生""信頼できるか否か"が判断される。学習指導も相談も、互いの信頼関係があればスムーズに進むが、関係が悪ければ、教師の努力にもかかわらず事は進まず、こじれもする。
　また、保護者の多くは"我が子が好きな先生"には好意を抱くので、子どもから好かれるということは保護者の支持を得ることにもつながる。子どもを通して保護者とのよい関係が築けていれば、問題の早期に保護者から相談されもするし、解決への協力関係も取りやすい。

2）指導する前に理解しようとする姿勢

授業に生かす教育相談の姿勢

　教師が子どもと接する場面で最も長いのが授業である。わかりやすく、子どもたちの学習意欲を高める授業内容の工夫をすることは言うまでもないことだが、板書の字の大きさや位置、一人一人に応じた発問、指名の工夫、誤答への対応、ほめ方や励まし方等、教育相談の姿勢を授業に生かす視点をもつことである。(巻末付録「教育相談の姿勢を生かした授業の視点」参照)

指導の前に、相手を理解する姿勢をもつ

　非行を繰り返す子が言う。
「教師には3種類あって、自分は関係ないと避けて通る教師、やたらと怒りとばして『指導』だと思っている教師、叱るけどこっちの言い分も聞いてくれ、気持ちをわかろうとしてくれる先生。こういう先生に叱られるときついよ」
　悪いことを承知でしていても、悪いと知りながらもやってしまう気持ちは聞いてほしいと願う心がある。その子どもの言い分や気持ちを理解しようとする姿勢は、教育相談の基本である。
「教育相談を学んで子どもの気持ちがわかると叱れなくなる」と言う教師が少なくない。これは「教育相談は子どもを甘やかすだけだ」と言う批判と対である。双方とも、教育相談を理解しているとは言えない。ルール違反や人としていけないことをした場合、その行為を叱り、正すのは当然であり、教育者ならばなおさらである。子どもたちも「見て見ぬふりをする教師は、最低」「叱るべきときに叱らない先生は嫌い」と言う。やたら何でも受け入れる甘い教師を子どもたちが求めているわけではない。

第3部 教育相談の基本の考え方

教育相談は援助機能

個々の子どもに必要なものを援助する

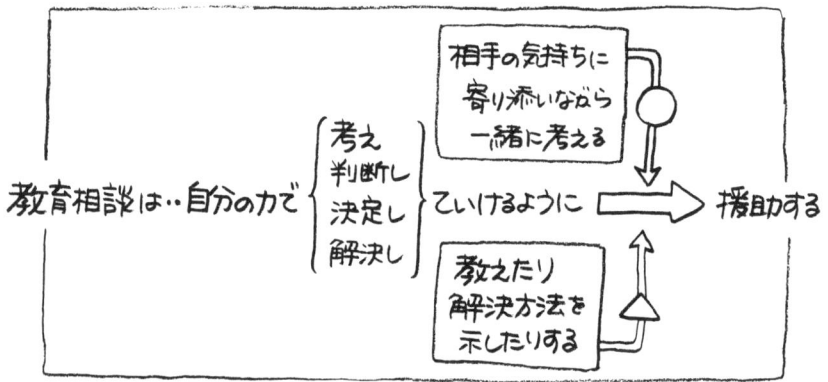

教育相談は援助機能

　教育相談は、子どもや保護者が「自分の力で考え、判断し、決定し、かかえる課題を解決してゆけるように、援助するもの」である。
　それは、相談する者自身がどうしたらよいかわからない混乱した状態から、気持ちを整理し、自分の問題点や課題を自覚して、それを解決する方法や道筋を考え、自ら出した結論を試行錯誤しながら実行して、解決に至る、その全過程に相談者は同行して支えるものである。
　相手の気持ちを理解しながら話を聴き、一緒に考えることで、相談する者が自分で自分の問題を解決するのを援助するものである。相談者自らが問題の解決に乗り出したり、いたずらに解決の方法を指示したり教えたりするものではない。
　良心的な相談者は、解決方法を指示することには、むしろ臆病な態度をとるものである。
　それは、解決方法を助言したり指示したりすることにはデメリットが伴うからである。
　与えた助言や指示でうまくいった場合、次に問題が起きたときに、また「どうしたらよいか教えて！」ということになりかねない。これでは依頼心ばかり育ててしまう。一方、うまくいかなかった場合はどうだろうか。「先生の言われた通りにやってみましたけど、ダメでした」と、うまくいかなかったのは助言をした者のせいであるとの責任転嫁の思いが芽生える。いずれにしても、自分の問題を自分で考え、解決する力は育たない。
　相談の中で、相談者の意見を尋ねられたときは、あくまでも参考としての意見に止めること。また、選択肢を示す場合も複数の考えを示し、本人が決定するのを援助するべきであろう。
　子どもや保護者が「自分の心で感じ、頭で考え、自らの足で歩むこと」ができるよう、援助することが教育相談の本来の姿である。

今、目の前にいる子どもを受容

今、目の前にいる子どもを受容

ロジャーズの「相談者の三つの条件」

　相談者は、子どもとの信頼関係を基盤として、子ども自身が問題に向き合い気持ちを整理する過程につきあう。そして、最終的には問題を自己解決してゆけるように援助するものである。

　来談者中心療法のカール・ロジャーズ（Rogers, C.R.）は、相談を受ける者の三つの条件を示した。それは、①来談者への無条件の肯定的関心（unconditional positive regard）、②共感的理解（empathic understanding）、③相談者自身の一致性（congruence）である。

相談関係の中での基本は、来談者への無条件の肯定的関心、つまり相手の今ある姿、ありのままの姿、よい点も悪い点もすべてを含めた相手の存在を受け止め、「受容」することである。

相手を受容するには、人間は、不完全であるがゆえに間違いをおかす。しかし、互いに限られた命を懸命に生きるものであり、一人一人が主人公であるかけがえのない人生を送っている唯一無二の存在であるという、自分をも含めた人間の存在に対する畏敬の念が不可欠である。この考えが希薄だと、異なった価値観の人を拒否したり、自分の見方や考え方を相手に押しつけ、思いどおりに人を操作したくなったりする。

相手を受容するためには、共感的理解が求められ、また、相談者自身が自分を受容していることも要求されるのである。

Here and now

今、目の前にいる子どもに対応することは、教育相談の基本である。

学校では、一人の子どもに多くの教師がかかわっているので、担任の元にはさまざまな情報が集まる。問題のある子を指導するとき、教師があらかじめ得ている情報と、本人の言い分が食い違っていたときなど、「本当か?!」と子どものことばへの疑念を言ったり、言わないまでも疑わしげな表情をみせたりする。すると子どもは、"自分を疑って、信じようとしてくれない教師"と思い、"言っても無駄"と口と心を閉ざしてしまう。子どもを理解し、指導しようとの教師の思いとは裏腹に、子どもの気持ちは教師から離れてゆく。

また、同じような問題を繰り返す子に、「この前も……！」と以前のことを持ち出し、"いくら注意したらわかるの"と叱責に近い指導となることが少なくない。このことは指導が通らない子への教師の焦りや苛立ちを伝えるのみで、事態の改善には遠く及ばない結果となる。

自分の目の前にいる子どものことばや気持ちに向き合うことが、理解と指導の第一歩なのである。

共感的理解とは

共感的理解とは

　相談者の基本姿勢として重要な2点目は、共感的理解である。
　相手を受容するためには共感的理解が必要であり、それは、相手の気持ちを相手の立場に立って理解しようとするものである。

どのような行動にも感情が伴っている。その行動がどんなものであれ、その人なりの理屈や思いがある。自分自身にもわからないイライラやコントロールできない思いもある。だれかに話を聞いてもらい、気持ちを受け入れてもらうことで、落ち着くことはよくあることである。

　他者の気持ちを受入れることは易しいことではない。その気持ちは、時には自分勝手であったり、被害的であったりする。「全部が全部受け入れられないよ」という声が聞こえてきそうである。それは、相手の気持ちに自分が同感できないことからくる受け入れ難さであり、共感とは別なものである。人は顔かたちがそれぞれ違うように、物の見方や考え方、感じ方も異なり、そうたやすく他人と同じ思いを抱くことはない。

　例えば、骨折の手術後のリハビリの痛さや辛さを訴える同室の人に、同じリハビリを受けていて「そうそう。あれは辛い」と言うのは、同感していることであり、リハビリ場面を語ることばや苦痛の顔、声の表情からその辛さを理解して、「辛いでしょうね」と心底言えるのが共感である。

　共感とは、事の成り行きや、相手の置かれた立場や物の見方からも、その人がこう感じる・思うのはわかるというものであり、相手の立場に立った理解なのである。

明確化

　自分が共感した相手の気持ちを「○○ということかな？」と相手に伝えることを「明確化」という。相手の気持ちの理解とともに、"あなたの気持ちをこう受け取りました"というメッセージでもある。

　自分の話に熱心に耳を傾け、共感的な理解をしてもらえると、来談者は自分が受け入れられたとの実感を持つ。ある不登校の子どもは相談者を「自分の味方」と評している。そのような相談者との出会いが、混乱した気持ちを見つめる余裕を生み、気持ちを整理したり、自分の行動を振り返り、反省することにつながるのである。

行為は認めず、気持ちを受容

気持ちを理解すること ≠ 行為を認めること

　子どもの話を聞き、気持ちをわかることは、その行動までも受け入れてしまうことだと思っている教師や保護者が少なくない。「子どもの言い分を聞いて気持ちがわかると、注意できなくなる」ということをよく耳にする。教育相談を学び始めたときに抱く思いのようである。
　また、「教育相談は、子どもの気持ちを理解しろと言うばかりだ。これでは子どもを甘やかすだけだ」との批判も受ける。しかし、そうではない。思いや気持ちを理解することと、行為や行動を受け入れることは別なのである。

まず、子どもの話に耳を傾ける

気持ちをわかってもらえると…

「悪いのは
わかってる。
だけど…」

「したことは×.
でも,何で
やってしまったんだ?」

「……」

　校則違反や万引き等の行為をする子どもたちのほとんどは、自分の行為が悪いことだと認識している。悪いことでも、頭から怒られたり、否定されると「ムカつき」、反抗の炎のみが燃え上がる。"悪いことはわかっているけど、自分の気持ちも理解してほしい"との心の底の思いが届かない絶望といらだちが、反抗に拍車をかける。
　人から理解されたい、受け入れられたいという思いは人間の本質的な願望である。教師が初めから行為の非を非難する気持ちでいるか、わかろうとする姿勢をもって対しているかは敏感に伝わる。叱責や指導はいつでもできる。少なくとも、まず子どもの話に耳を傾けることである。"悪いとわかっていてなぜするのか"その気持ちや心をわかろうとする姿勢をもつことが必要である。子どもが心を開いて本音を語ろうとしなければ、子どもの理解やその先の指導はおぼつかない。話を聞いてくれ、思いをわかってくれる相手に、人は心を開き本音を語るのである。

理解されることで行動が変わる

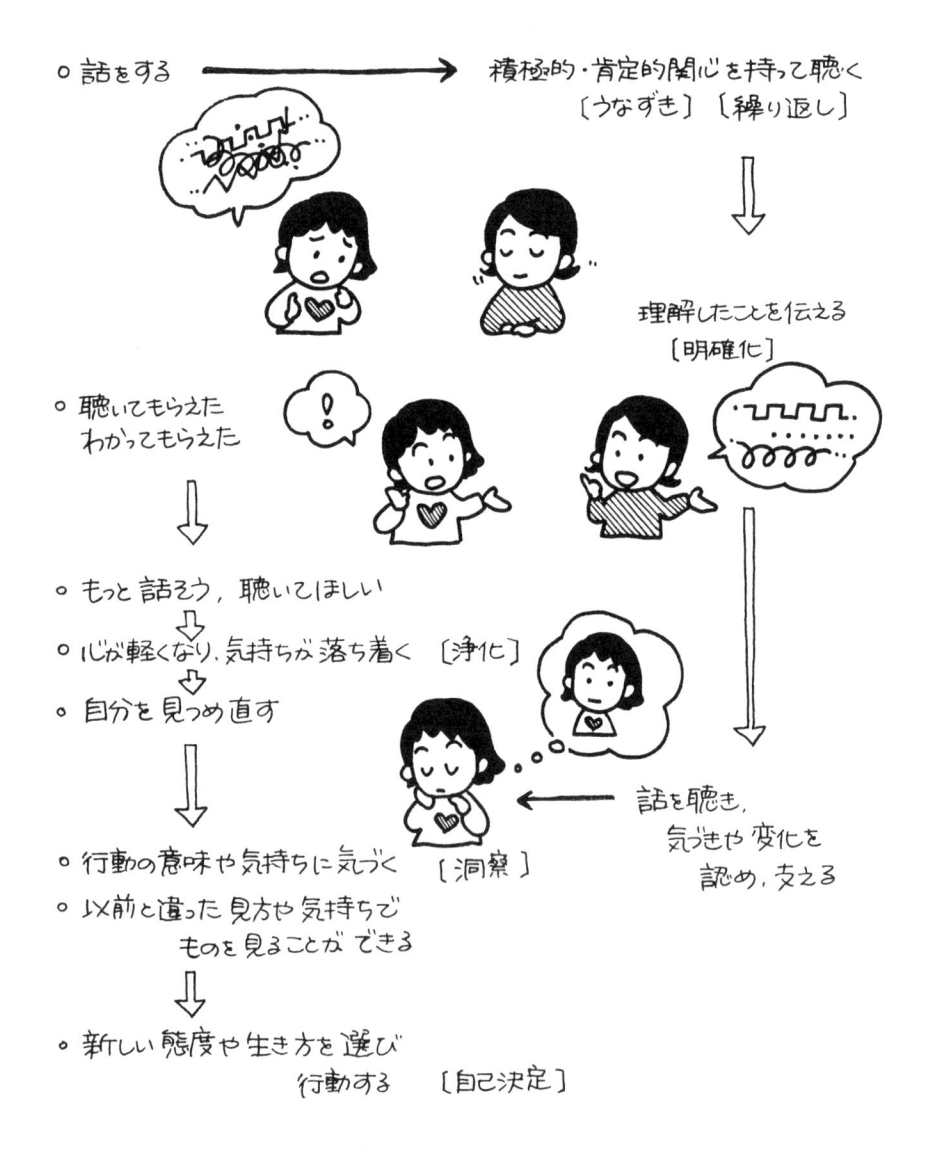

○ 話をする → 積極的・肯定的関心を持って聴く
　　　　　　　〔うなずき〕〔繰り返し〕

　　　　　　　　　　　　　　　　理解したことを伝える
　　　　　　　　　　　　　　　　〔明確化〕

○ 聴いてもらえた
　わかってもらえた

○ もっと話そう、聴いてほしい
○ 心が軽くなり、気持ちが落ち着く　〔浄化〕
○ 自分を見つめ直す

○ 行動の意味や気持ちに気づく　〔洞察〕
○ 以前と違った見方や気持ちで
　　ものを見ることができる

○ 新しい態度や生き方を選び
　　行動する　〔自己決定〕

話を聴き、気づきや変化を認め、支える

教育相談(カウンセリング)による行動変容のプロセス

　人は生きている限り、不安や悩み等から完全に解放されることは難しい。思春期であればなおさらである。
　わけもなく周りに当たってイライラを一時的に解消したり、場合によっては、不登校やいじめ、非行といった問題行動を起こしたりする。自分のイライラや不安の理由や原因を内省することなくして、その問題の解消はない。
　教育相談(カウンセリング)による行動変容のプロセスは、自分の話を聞き、気持ちを受け止め、理解してくれる相手の存在から始まる。
　相手がうなずいたり、自分が言ったことばを繰り返したり〔うなずき、繰り返し〕、時には「くやしかったんだね」と自分の気持ちをことばで表現〔**感情の明確化**〕しながら、熱心に耳を傾けてくれると、"自分のことを聞いてもらえた。わかってもらえた"と、気持ちが落ち着く〔**浄化**〕。このような出会いを繰り返すなかで、しだいに自分の行動や気持ちを見つめる余裕が生まれる。
　自分の心を見つめ、混乱していた気持ちを整理するなかで、「成績がいい姉に嫉妬していた」とか「本当は親に甘えたい」等の自分の行動の意味(本音)に気づく〔**洞察**〕。
　本音の気づきが行動の変化に直ちに結びつくとは限らない。「あっ、そうだったのか」と気づいても、問題の根が深ければ深いほど、「じゃあ、こうしよう」と簡単に気持ちを切り換えることはできない。気持ちをどう処理するか、そのための適切な行動は何か等々、再び考え悩むこととなる。
　その過程に寄り添い、気持ちを理解し、支える存在があって初めて、新しい態度や生き方を自分で選べるようになり〔**自己決定**〕、結果として行動が変わる〔**行動変容**〕のである。

第4部 子ども理解のための基礎知識

子どもの発達

教育的視点からみた発展段階

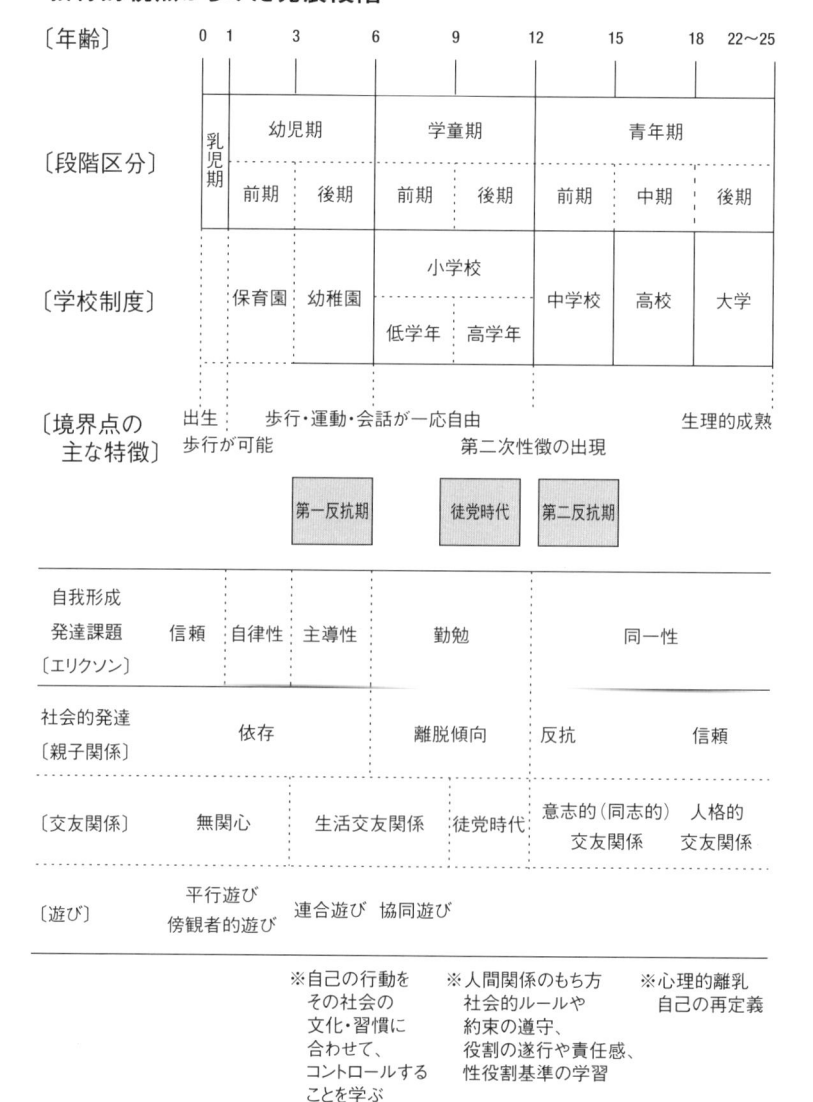

〔年齢〕 0　1　3　6　9　12　15　18　22〜25

〔段階区分〕	乳児期	幼児期		学童期		青年期		
		前期	後期	前期	後期	前期	中期	後期

〔学校制度〕	保育園	幼稚園	小学校		中学校	高校	大学
			低学年	高学年			

〔境界点の主な特徴〕
- 出生
- 歩行が可能
- 歩行・運動・会話が一応自由
- 第二次性徴の出現
- 生理的成熟

　　第一反抗期　　徒党時代　　第二反抗期

自我形成 発達課題〔エリクソン〕	信頼	自律性	主導性	勤勉	同一性

社会的発達〔親子関係〕	依存		離脱傾向	反抗	信頼

〔交友関係〕	無関心	生活交友関係	徒党時代	意志的（同志的）交友関係	人格的交友関係

〔遊び〕　平行遊び　傍観者的遊び　連合遊び　協同遊び

※自己の行動をその社会の文化・習慣に合わせて、コントロールすることを学ぶ

※人間関係のもち方社会的ルールや約束の遵守、役割の遂行や責任感、性役割基準の学習

※心理的離乳 自己の再定義

子ども理解のための基礎知識

　子どもの社会・心理的発達を年齢や発達段階とからめて概観する。
　人間関係の基礎となる「親子関係」は、乳幼児期には親に心身共に〔依存〕しているが、学童期に入るころから次第に離れ〔離脱傾向〕、友達との関係が強まる。さらに青年期には〔反抗〕という形で心理的自立を目指し、自己が確立するにつれ再び〔信頼〕関係を結ぶようになる。
　同世代の人との交友関係を見ると、3歳ころまでは、他の子どもがいても無関係に遊ぶ〔ひとり遊び〕、他の子の遊びを見ている〔傍観者的遊び〕や一緒に遊ばないが傍らで同じような遊びをする〔平行遊び〕など、基本的には〔無関心〕の時期である。
　3歳を過ぎるころから、他の子どもと一緒に同じような遊びをする〔連合遊び〕となり、次第にリーダー的存在も現れてグループで何か一つのものを作ったり、ゲームをしたりして遊ぶ〔協同遊び〕が増加する。この時期は小学校中学年くらいまで続き、交友関係は家が近いとか、同じ学級である等の物理的距離の近い〔生活交友関係〕である。
　小学校高学年から青年前期ごろまでの同年齢の同性による結束の強い集団での活動の時期〔徒党時代〕を経て、互いの人格を基準とした友人関係〔人格的交友関係〕を結ぶようになる。
　幼児期から青年期まで、個人の自立にとって重要な時期が三つある。
　2、3歳ごろの〔第一反抗期〕は、親からのしつけを通して自分の行動を、社会の文化や習慣に合わせることを学ぶ時期である。
　学童後期からの〔徒党時代〕は、グループの中で人間関係のもち方や、ルールや約束を守ること、責任感等の社会性が養われる重要な時期である。
　青年前期ごろからの〔第二反抗期〕は、心身ともに大きく変化する時期であり、親からの心理的離乳、自己の再定義が大きな課題となり、これを通って自立が完成する。

欲求の階層

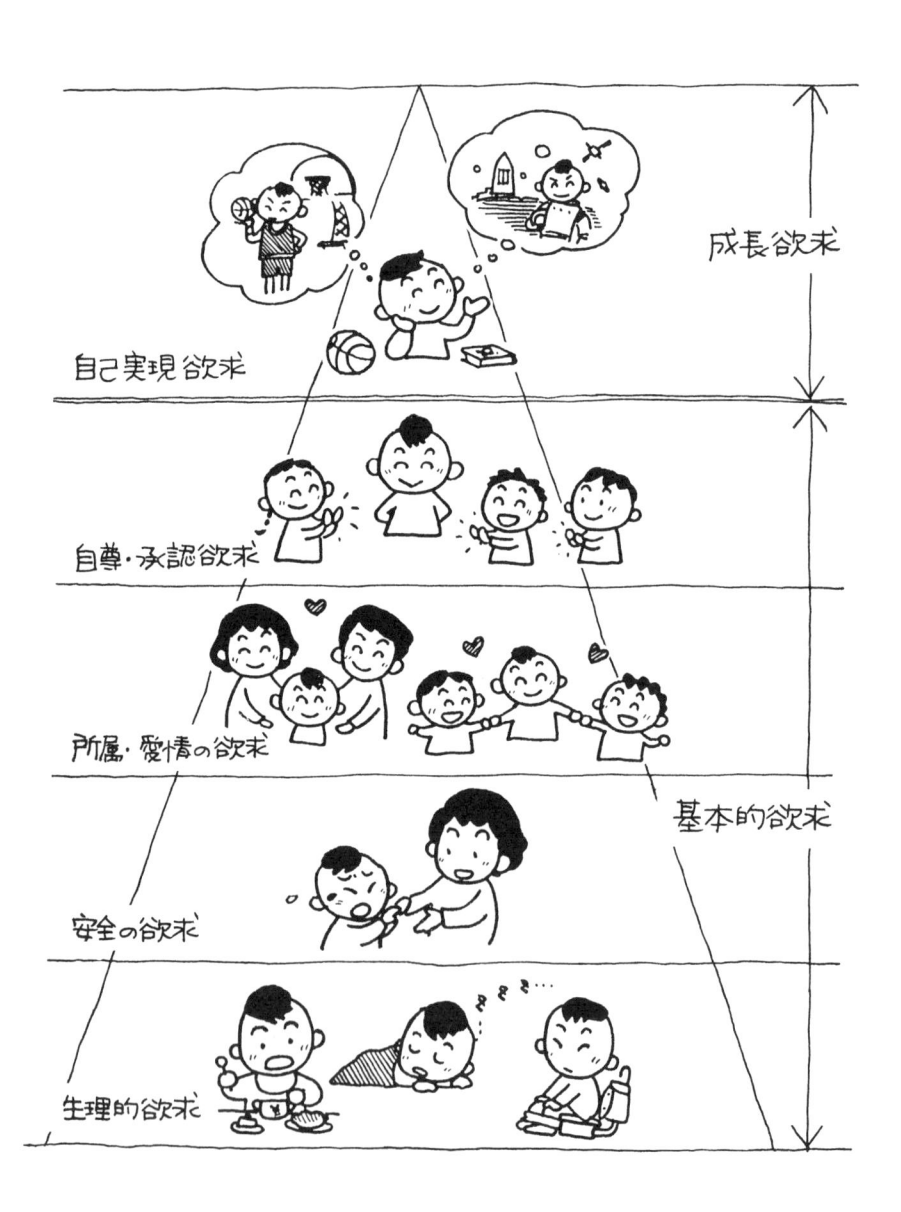

心理学者マズロー（Maslow, A.H.）は、人間の欲求には階層があり、それは四つの「基本的欲求」と一つの「成長欲求」からなるとしている（欲求階層説）。

「基本的欲求」が満たされないとやる気が起きない!!

　欲求の最も基本的なところに位置するのは、「生理的欲求」で、人がその命を維持し子孫を残すために必要な"飲食""排泄""睡眠""生殖"の欲求である。次は「安全の欲求」で、自分の身の安全を求めるものである。さらに、「所属・愛情欲求」という他者から愛されたい、自分を受け入れてくれる仲間がほしいとの心理的安定の欲求、そして、他から認められ、高い評価を受けたいという「自尊・承認欲求」が続く。四つの「基本的欲求」の前二つの欲求は、人に本来備わっている欲求で「一次的欲求」とも言われ、後二つは、「二次的欲求」とも、他者との関係で生じてくるので「社会的欲求」とも言われる。
　この四つの欲求をマズローは「欠乏欲求」と名付け、下位の欲求がある程度満たされなければ次の欲求が生まれないとしている。
　欲求の最上位に位置するのが「自己実現欲求」である。自分の能力や可能性を発揮して、よりよい自分を実現したいという欲求である。この欲求は下位の「基本的欲求」が満たされて後に生じるもので、「成長欲求」ともよばれる。

「自己実現欲求」を求める学校教育

　教科学習でも部活動でも、自ら積極的に学び・活動する子を目指す学校教育は、子どもの「自己実現欲求」への働きかけである。学校生活に意欲的になれない子どもに「やる気をもて！」と言う前に、その子の「自己実現欲求」を阻んでいる、満たされない「基本的欲求」は何かを考える視点を持つと、指導の手掛かりが見えてくることがある。

発達課題

幼児期 0〜6歳	1 歩行の学習　　2 固形の食物をとる学習 3 話すことの学習　　4 排泄の学習 5 性差を知り性的慎みの学習　　6 生理的安定 7 初歩的な概念の形成 8 他者との情緒的関係　9 善悪の概念を学び良心を発達
児童期 6〜12歳	1 日常の遊びに必要な身体的技能の学習 2 身体の健康や清潔等の習慣を養う 3 友達とうまくつき合うことの学習 4 男子あるいは女子としての社会的役割の学習 5 読み・書き・計算の基礎的能力の発達 6 日常に必要な概念の発達 7 良心・道徳性・価値判断の発達 8 人格の独立性の達成 9 社会的態度の発達
青年期 12〜18歳	1 同年齢の両性との大人としてのかかわりの学習 2 男性あるいは女性としての社会的役割の学習 3 自分の身体を受け入れ大切にすること 4 両親や他の大人からの情緒的な独立 5 経済的独立への自信をもつこと 6 職業選択とそれに向けての準備 7 結婚と家庭生活の準備 8 社会生活に必要な知識と態度の発達 9 社会的に責任のある行動を求め、成し遂げること 10 行動の指針となる価値や倫理体系の学習

ハヴィガーストの発達課題（壮年期以降 略）

エリクソンの発達課題

　精神分析学者エリクソン（Erikson, E.H.）は、人の一生を乳児期から老年期までの八つの発達段階に分け、それぞれに発達課題とそれが達成されなかったときの危機を示している。
　幼児期から青年期までの発達課題と危機は次の通りである。

第一段階	乳児期　（0〜2歳）	"基本的信頼"と"基本的不信"
第二段階	幼児前期（2〜4歳）	"自律性"と"恥、疑惑"
第三段階	幼児後期（5〜7歳）	"自主性"と"罪悪感"
第四段階	学齢期　（8〜12歳）	"勤勉性"と"劣等感"
第五段階	青年期（13〜22歳）	"同一性"と"役割の混乱"

　最初の課題である"基本的信頼"は、主な養育者である母親が乳児の働きかけに適切に応じることにより芽生えるもので、その後の他者への信頼や自分を取り巻く社会への信頼につながるものである。また、青年期は自己の存在を自らに問いかけ、自分が生きる意味を模索する時期であり、「自分が何者であるか」の自己のアイデンティティ（自我同一性）の確立が課題である。

ハヴィガーストの発達課題

　また、教育学者のハヴィガースト（Havighurst, R.J.）は、乳幼児期から老年期までを六つの発達段階に分け、"人が健全な発達をとげる上で、各発達段階で習得しておくべき課題"を示している。
　それぞれの段階での課題は、次の発達段階へのスムーズな展開のためのものでもある。
　最近の青年の特徴として挙げられる対人関係の稚拙さなどは、児童期において塾や習い事に追われ、時間を忘れて遊ぶこと等ができず、"遊び仲間とうまくつき合うことの学習"の課題が十分に達成されていない結果とも考えられるのである。

最近の子どもの特徴

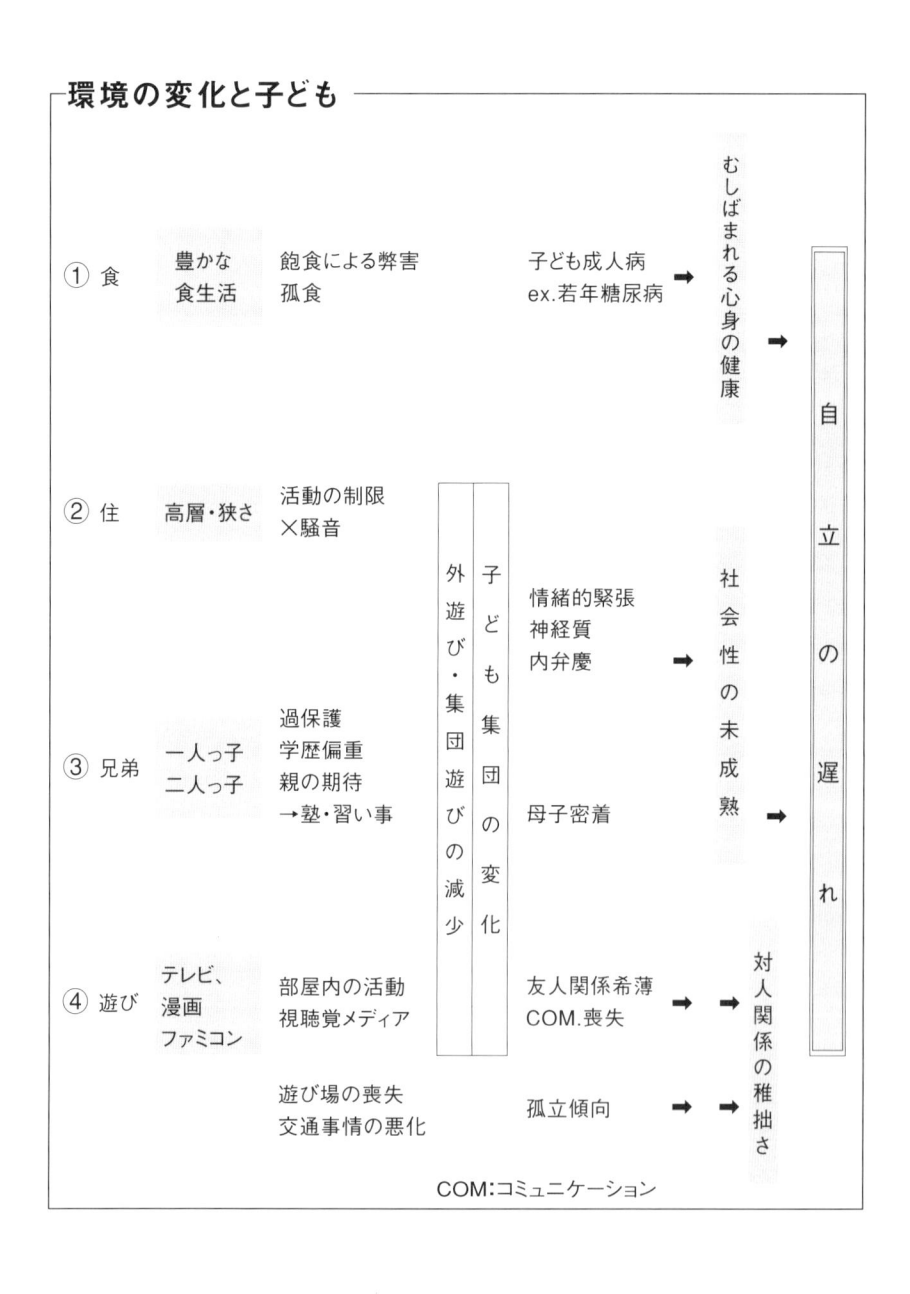

環境の変化と子ども

① 食	豊かな食生活	飽食による弊害 孤食		子ども成人病 ex.若年糖尿病	→	むしばまれる心身の健康	→
② 住	高層・狭さ	活動の制限 ×騒音	外遊び・集団遊びの減少 / 子ども集団の変化	情緒的緊張 神経質 内弁慶	→	社会性の未成熟	→ 自立の遅れ
③ 兄弟	一人っ子 二人っ子	過保護 学歴偏重 親の期待 →塾・習い事		母子密着	→		→
④ 遊び	テレビ、漫画 ファミコン	部屋内の活動 視聴覚メディア		友人関係希薄 COM.喪失	→	対人関係の稚拙	→
		遊び場の喪失 交通事情の悪化		孤立傾向	→		→

COM：コミュニケーション

環境の変化と子ども

　子どもたちの変化に、教師をはじめ多くの大人たちが困惑しているが、変化の土壌は子どもたちを取り巻く環境にあり、社会の変化を受けて子どもたちが変化しているのである。
　子どもたちの特徴として、"乏しい耐性""攻撃性""薄い規範意識""乏しい表現力""希薄で稚拙な人間関係""失敗回避傾向""乏しい自己肯定感"等々が言われているが、これらは相互に関連している。
"思春期の問題行動と幼児期との関連"（1980）を調べた研究では、思春期に問題行動を示した子どもは、幼児期から「自己表現が乏しい」ことや「耐性が乏しい」状態がみられたことを報告している。
　また、環境の変化から、子どもの「遊び」を成り立たせる"遊びの三間"が失われて久しい。
"遊びの三間"とは、時間・空間・仲間のことである。空間は、住宅や交通事情の悪化で安心して遊べる空き地が激減していることを指す。また、習い事をする子どもが幼稚園や小学校の低学年からおり、中学年以降は塾等に行っていないほうが珍しい状況である。放課後の子どもたちは個々別々のスケジュールで過ごしており、心行くまで遊びほうけられる仲間と時間もないのである。
"遊び"は社会性の発達には欠かせないものであり、その中で我慢やルールに従うこと、弱い者への思いやり、思いどおりにならないことなどを学ぶとともに、けんかや仲直りの経験を通して人とのかかわり方も身につける。また、遊びの中で他の子の考えを知り、自分と比較することで自己理解がなされるのである。
　児童期に仲間と十分な遊びの経験をしていないこと、「ギャング集団」の経験のなさが、社会性が欠如して他者とうまくつき合えない若者の増加の一因とも言われている。

1）問題行動のとらえ方

問題行動は子どもからのSOS

無気力 / 暴力 / 不安 / 万引き / 反抗的

問題行動ってなに？

　相談の専門機関を訪れる子どもたちの示す問題行動は、不登校や情緒不安定、いじめ、反抗的、家庭内暴力、無気力、集団不適応、神経症、落ち着きのなさ、緘黙、怠学、万引き、徘徊、孤立、悪い授業態度、夜尿、チック等々、多種多様である。
　これらの諸行動は、次のように分類できる。
　一つは、ひきこもり、退行といった非社会的問題行動といわれるもの。もう一つは、暴力や盗み等の反社会的問題行動。さらに、身体的疾患がないのに発熱・頭痛・腹痛等が起きる神経症である。
　このような問題行動のとらえ方もさまざまである。
　主なものとしては、
　①個性として見るとらえ方、
　②発達過程における逸脱行動として見るとらえ方、
　③内在している不安感情の現れとして見るとらえ方
がある。問題行動をどうとらえるかは、どう対処するかと直結する。

子どもからのSOS

　教育相談では、子どもの問題行動を"内在している不安感情の現れ"つまり、心の内に抱えている不満や不安、ストレスが自分では抑えきれず、適切に処理できないほど大きかったり、深いものであった場合に、問題行動として現れると考える。
　問題行動は周囲の者からは困った行動と見られるが、子ども本人にしてみると、それは"自分では、もうどうしようもない。助けて！"という"子どもからのSOS"であるととらえる。したがって、その悩みや不安は何か、今何がその子に必要かなど、子どもの心への援助が主たる対処方法となる。

2）問題行動が起こるとき

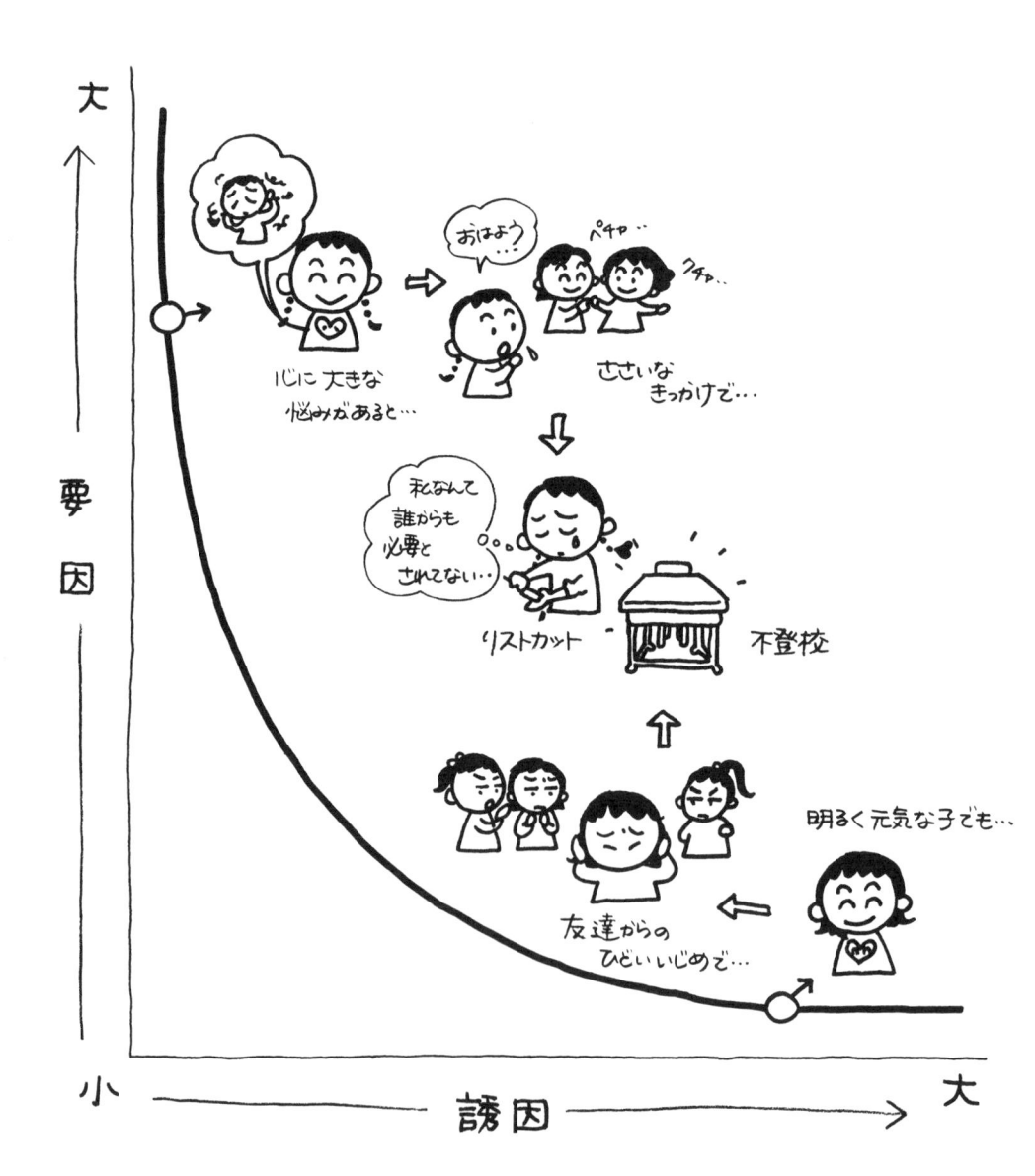

心に大きな悩みがあると…

おはよう
ペチャ… クチャ…

ささいなきっかけで…

私なんて誰からも必要とされてない…

リストカット　不登校

友達からのひどいいじめで…

明るく元気な子でも…

縦軸：要因（小〜大）
横軸：誘因（小〜大）

問題行動の誘因と要因

　問題行動はいつ、どのようなときに起こるのだろうか。問題行動の発生には、きっかけである誘因と問題行動の土壌である要因という二つの要素があり、それがかみ合ったときに起きる。
　要因とは、問題行動の土壌となる子どもが抱えている心理的な問題である。
　親子や兄弟姉妹をめぐっての葛藤、友達との関係での不安、周囲から自分がどう見られているか等の他からの評価、将来への不安、自分が自分をどう評価するかなどのストレスにさらされない子どもはいない。そのストレスを、上手に処理できているのか。または、自分では抱えきれない、今にも爆発しそうな不安を抱えて、日々やっと自分を保っているのか。内面は外からは測り知れないものがある。
　いつもニコニコしていた子どもが、ある日突然自殺をすることがある。家族や学校関係者には思い当たることはなく、「信じられない。明るい子だった」と言い、絶句するしかない。表面的にはにこやかに見えても心の中もそうであるとは限らない。感情を抑制するタイプの子どもは容易に自分の心を表に出さない。自分では処理しきれない重いストレスや心の暗闇を抱えていると、ほんの些細なことをきっかけに、問題が表面化する。
　誘因とは、直接問題行動の発生につながるきっかけである。
　例えば、転校先でなまりを笑われ、学級全体から無視やいやがらせを受け、かばってくれる友達もなく、親にも話せない。このような状況は、子どもにとって耐えがたいことであり、それゆえに不登校になることは少なくない。このような場合は、本人の要因よりも問題行動発生のきっかけとなる誘因が重大であったと考えられる。

3）問題行動の分類

反社会的問題行動
- 万引き
- 校則違反（喫煙）
- いじめ

非社会的問題行動
- かん黙
- 不登校
- 無気力

神経症
- 爪かみ
- チック
- 不潔恐怖症

3) 問題行動の分類

　日々の生活の中で、欲求不満や心の葛藤を全く感じない人はいない。多少の差はあってもだれもがストレスを抱えながら毎日を過ごしている。多くは、趣味やスポーツに打ち込んだり、友人と話をしたり、カラオケで歌って発散するなどをして、心のバランスを取り戻し、平穏な日常を送っている。しかし、その抱えるストレスがうまく発散されなかったり、どうにも対処できないほどに大きくなると、問題行動という形で表面化する。それらの行動は現れ方によって三つに大きく分類される。

反社会的問題行動

　ストレスからくる不安などが攻撃の形で表出され、他者を不愉快にしたり、傷つけたり、エスカレートすると犯罪行為にまで及ぶものをいう。
　嘘言（うそ）、家出、盗み、暴力、いじめ、怠学、未成年の喫煙・飲酒、家庭内暴力などである。いじめは、いじめられる側に問題があるとされることが少なくないが、それは本末転倒である。いじめは一義的にいじめる側の問題である。

非社会的問題行動

　他者を傷つけることは少ないが、社会的に適切な対応ができず、自分の殻に閉じこもることで社会的接触を避けようとするもので、社会生活上また、本人の発達上望ましくない行動をいう。
　極端な内気・孤立、無気力、引きこもり、かん黙、不登校、などである。

神経症

　心の不安が身体症状として現れるものである。身体の器官や機能に問題はないので、医師の診療を受け検査を繰り返しても、医学的には原因となるものは見つからない。
　チック、爪かみ、夜尿、夜驚、頭痛・腹痛・微熱等の身体症状、不潔恐怖・赤面恐怖等の恐怖症などがある。

①不登校とは

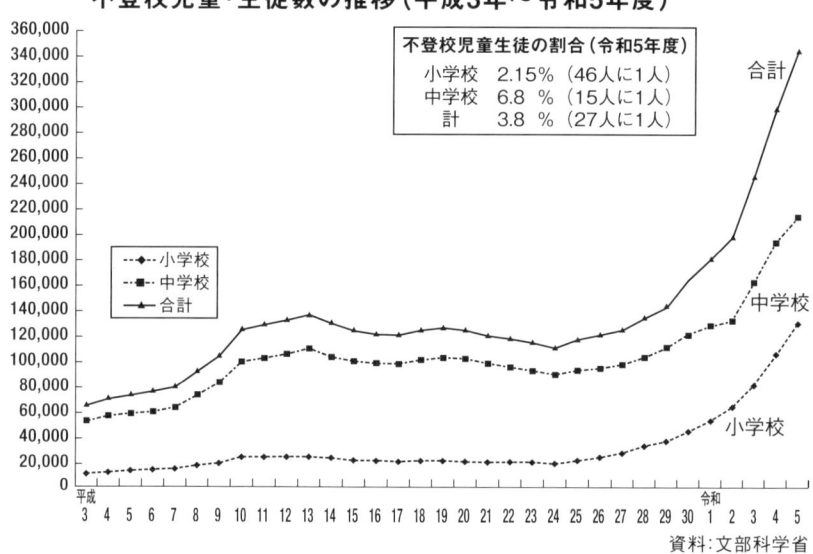

不登校児童・生徒数の推移(平成3年～令和5年度)

不登校児童生徒の割合(令和5年度)
- 小学校　2.15%（46人に1人）
- 中学校　6.8 %（15人に1人）
- 計　　　3.8 %（27人に1人）

資料:文部科学省

長期欠席と不登校の類型

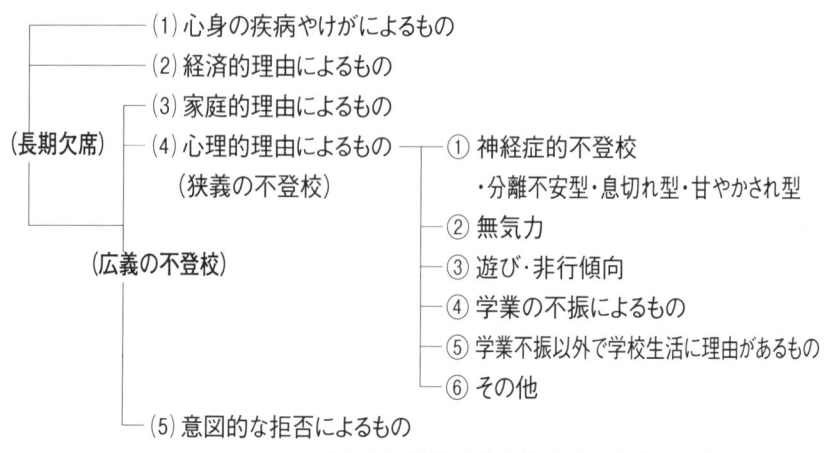

- (長期欠席)
  - (1) 心身の疾病やけがによるもの
  - (2) 経済的理由によるもの
  - (広義の不登校)
    - (3) 家庭的理由によるもの
    - (4) 心理的理由によるもの（狭義の不登校）
      - ① 神経症的不登校
        - ・分離不安型・息切れ型・甘やかされ型
      - ② 無気力
      - ③ 遊び・非行傾向
      - ④ 学業の不振によるもの
      - ⑤ 学業不振以外で学校生活に理由があるもの
      - ⑥ その他
    - (5) 意図的な拒否によるもの

（東京都学校不適応検討委員会資料を参考に作成）

不登校とは

　文部科学省では、不登校とは「何らかの心理的・情緒的あるいは社会的要因・背景により、児童・生徒が登校しないあるいはしたくともできない状況にあること（ただし病気や経済的な理由によるものを除く）をいう」と定義している。
　平成3年度に、年間欠席日数30日以上が不登校とされたが、それ以前は50日以上であった。中学生の不登校発生率は高く、全生徒に対する比率が6.8％（令和5）と、小学生の2.15％（令和5）の3.2倍である。

不登校の類型

　"不登校"は、学校に行っていないという状態像を示すものであり、その要因等を示すものではない。そして、すべての不登校に通用するような対応策はない。
　不登校の類型は、その要因について大別したものであり、これを踏まえながらも個々の子どもの状態を見極め、その子に合った対応が必要とされる。
　狭義の不登校の定義からは除かれている「心身の疾病やけがによるもの」は病院での治療が、また、「経済的理由」や「家庭的理由」によるものは、福祉によるかかわり等が優先され、学校のかかわりは二次的なものとなる。
　学校の取り組みがもっとも求められるのは、「心理的理由」により不登校の状態にある子どもに対してであろう。同じ類型の不登校であっても、その理由はさまざまであり、画一的なかかわりでは対応を誤ることになる。個に応じ、臨機応変のきめ細かな対応が必要である。
　「意図的な拒否によるもの」とは、学校の在り方に疑問をもったり、学校生活に意義を見出せず、本人等の意志で登校を拒否するもので高校生に多い。

②不登校の経過：登校しぶり

登校しぶり

明日の準備はしても…

おなかが痛い!!
…×△≠◎…
起きたくない!!

忘れ物の増加　　保健室利用の増加

学習意欲の低下　　孤立

不登校は、どのような経過をたどるのであろうか。すべての不登校の子どもが同じ経過をたどるわけではなく、また、その期間もさまざまであることを念頭におく必要があるが、不登校を経験した子どもたちの多くは、次のような経過をたどって、乗り越える。

〈第1段階（登校しぶり期）〉

前夜は元気に翌日の準備をしたりするが、朝なかなか起きなかったり着替えをぐずぐずしていたりする。また、頭痛、腹痛、軽い発熱等の身体症状を訴えるなどして、登校をしぶる。欠席した場合、身体症状は昼ごろになると消え、回復することが多い。1日休んでは、2、3日登校したりということを繰り返すものや、月曜日や連休の後に休むというものも多い。

登校しぶりのほかに、不登校になる直前には子どもから何らかのサインが出ていることが多い。日常の小さなサインを見逃さず的確な対応ができると、不登校にいたらずにすんだり、不登校が長引かないこともある。

早期発見のポイント

①遅刻・早退・欠席の増加、②保健室の利用の増加、③学習意欲の低下、④忘れ物の増加、⑤友人関係の変化（孤立）等が挙げられる。

担任は、「以前と違う。ちょっと変だな」と気づいたら、すぐに保護者に連絡する。保護者が子どもの様子に気づいていない場合は、学校での様子を話し、家庭と学校で子どもの様子を見守ることにする。一方、学校からの連絡に、「実は……」と、家庭での登校しぶりが話されることが少なくない。対応について学校と家庭の連携の始まりである。

③不登校の経過：混乱・進行期

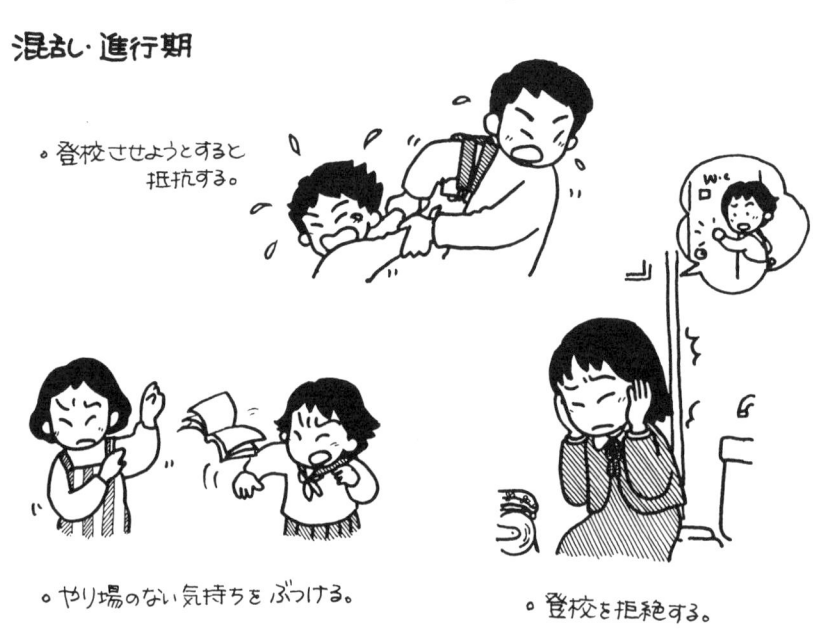

混乱・進行期

- 登校させようとすると抵抗する。
- やり場のない気持ちをぶつける。
- 登校を拒絶する。
- 生活が昼夜逆転する。
- 自分の部屋に閉じこもる。

〈第2段階(混乱期)〉

　朝、登校に間に合わないから着替えを早くするように言ったり、玄関先でぐずぐずしているのをせかしたりと、登校を強く促すと、強く反発する。トイレや自室にこもったり、保護者に暴力をふるったりすることもある。力づくで学校まで連れてゆくと、すんなり学級に入る場合もあるが、次第に子どもの抵抗は強くなり、本格的な不登校となってしまうことが多い。

　担任は、家庭訪問をするなど適当と思われる方法で"登校刺激"を与えて登校を促す。それで子どもがよけい混乱する状態になる場合は、登校刺激は控えるようにする。

　この時期、保護者も混乱し不安な状態になるので、保護者と連絡を密に保ち、可能なかぎり話を聴き、支える。専門機関への相談を勧めるとともに、学校のかかわりについても相談する。

〈第3段階(進行期)〉

　家族との接触を避け、自室にこもり食事も一緒に食べなくなる。昼夜逆転の生活になる。起きている時間はマンガやゲーム等に熱中する。風呂や散髪を避ける。学校に関係する話には、強烈な拒否反応を示し、家庭内暴力が激化する場合もある。

　担任は、憔悴している保護者の気持ちを支える。不登校の子どもは学校への抵抗が強い一方、学校から見捨てられるのではないかという不安もあり、矛盾した気持ちを抱いている。担任の家庭訪問や学級の友達の訪問、学級便りなどを届けることなど、定期的な接触は怠らないようにする。そして、専門機関に相談している場合は、保護者の許可を得てカウンセラーに学校や担任の役割について相談する。子どもへのかかわりが一切拒否される場合は、保護者との連絡は保ちながら今は見守る時期と心得る。

④不登校の経過：回復期

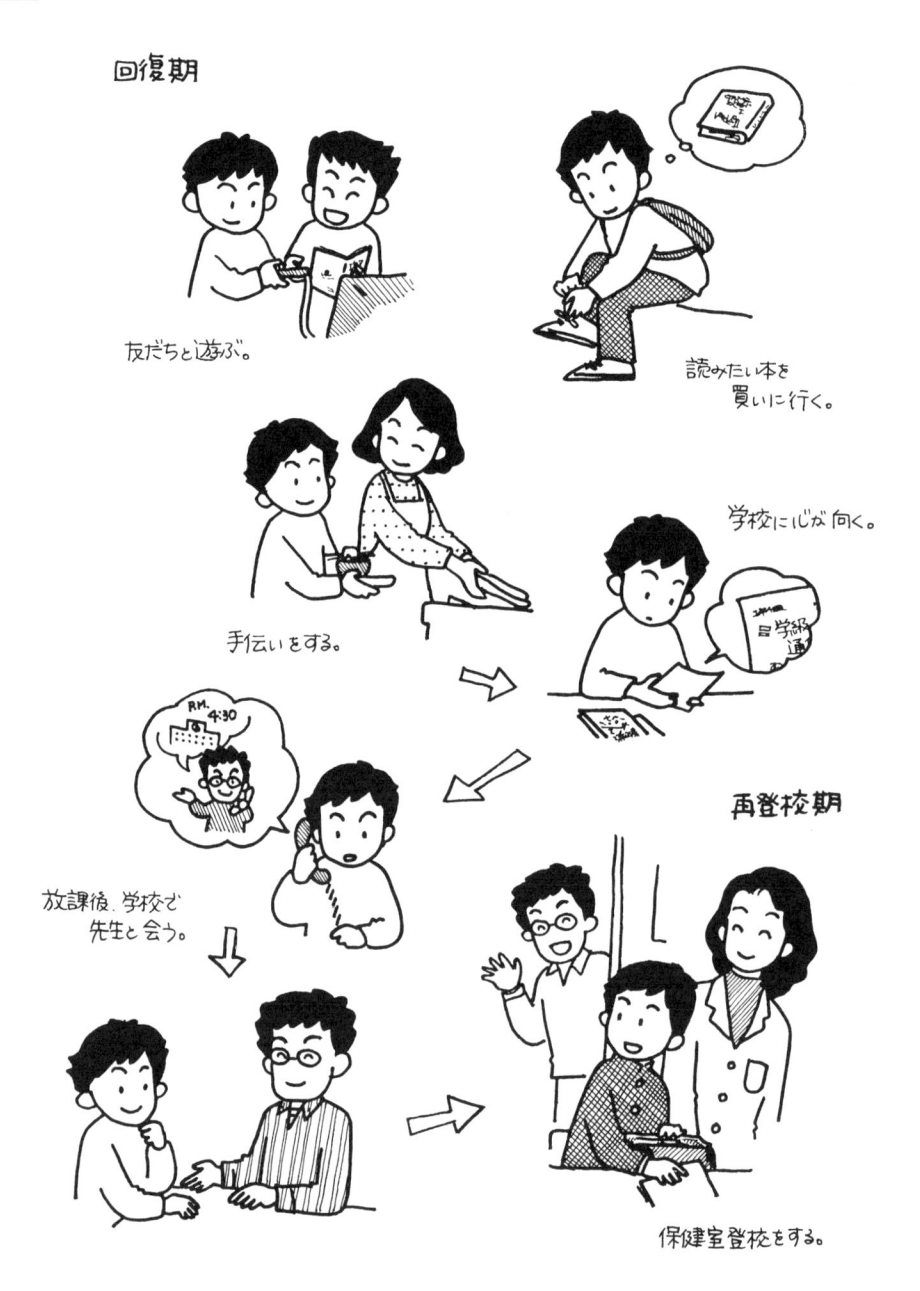

回復期

友だちと遊ぶ。

読みたい本を買いに行く。

手伝いをする。

学校に心が向く。

放課後、学校で先生と会う。

再登校期

保健室登校をする。

〈第4段階(回復期)〉

　午前中に起き、家族と会話をするようになる。放課後や学校の授業がない夜の時間帯や、土曜・日曜・休日の学校のない日には、好きなものを買いに行けたり、家族と外出できるようになる。また、友達と遊べるようにもなる。学校に行かないことを除けば、家庭での生活はほぼ通常通りとなり、学校や勉強に関係する話題にも、以前ほどの拒否反応は起きなくなる。自分から友達の話などをするようにもなる。
　この時期、学校は専門機関のカウンセラーや保護者と連携をとり合い、あせらずに子どもを見守ることを中心にしたかかわりを続け、保護者を支えるとともに、再登校へ向けて学校や担任ができること（働きかけ）を考える。学校の話などが出たときの子どもの様子などを保護者に観察してもらい、仲のよい友達を訪問させる、放課後に学校で担任に会うことを誘う等、子どもが受け入れられる適切な登校刺激を与える。

〈第5段階(再登校期)〉

　規則正しい生活リズムを取り戻す。学級便り等をよく読んだり、教科書を開いて勉強を始めることもある。
　再登校については、子どもや保護者の希望を聞き、徐々に登校時間や日を増やす。登校できても内心は緊張と不安でいっぱいであり、過度の励ましは負担となる。保護者と情報を交換し合い、決して無理をしない。この時期には、子どもに対するかかわり等に関して教師間の共通理解や学級の他の子どもたちへの指導が重要となる。

　不登校の子どもの指導では、①子どもの気持ちを大切に、②保護者との共通理解に立って、③あせらず、④不登校の経過を踏まえて、その子の状況に応じたかかわりをすることが、かかわりの基本である。

⑤よく見られる不登校のパターン

不登校前　　　　　　不登校になって

分離不安型

心配症の親から過保護にされている子 → 「ママと一緒じゃなきゃいやっ！」

息切れ型

親の期待に添おうとするまじめないい子 → 「頑張ってもできない。もうダメ…」

甘やかされ型

自分の思いが何でも通る甘やかされている子 → 「家の方が楽しいや！」

よく見られる不登校のパターン

分離不安型

　幼児期や小学校低学年で現れる場合が多く、母親から離れたがらず、母親も離すことに対して不安が強いのが特徴である。過保護や神経質な母親の場合と、拒否的で冷たく、干渉的な母親の場合がある。また、夫婦の不和やしつけの不一致のために学校や園に行けないケースも少なくない。

優等生の息切れ型

　小学校くらいまではなんの心配もなくすごし、中学校や高校に入って急に起きることが多い。性格的には、真面目で几帳面、潔癖、神経質で完全欲求、優越感が強く、失敗を嫌う。休むことへの罪悪感が強く、閉じこもりがちとなることが多い。

甘やかされ型

　小学校時代からささいなことで欠席を繰り返し、中学、高校とだんだんにひどくなる。一日中好きなことをして過ごし、日曜、祭日、夜などには外出して遊んだり、友達に会ったりすることもある。小さいときから家の中で自己中心的に過ごし、要求がかなえられることが多かったので、他人と協調したり、学校で規則正しい生活を送ったりすることが苦手で、最も楽な家の中に逃げ込むと考えられる。

　上記の3類型は、神経症的不登校と言われるもので、その初期には神経症的な症状を示し、学校に行かなければならないと強く意識しており、不登校の中核をなす類型である。しかし、最近では学校へ行かないことへの葛藤が薄れ、神経症的症状もなく学校のある平日でも外出が可能であるタイプが増加の傾向にある。

①いじめとは

いじめは、

同一集団内で起き、

関係上、弱い立場に立たされた者に、

身体的暴力を加えたり、

心理的な苦痛や圧力を感じさせる

行為である。

いじめとは

　いじめについての定義はいろいろあるが、東京都立教育研究所の「いじめ研究」では以下のように定義している。
　「同一集団内で単独又は複数の成員が、
　　人間関係の中で弱い立場に立たされた成員に対して、
　　身体的暴力や危害を加えたり、
　　心理的な苦痛や圧力を感じさせたりすること」
　この定義のポイントは、4点ある。
　　いじめは、① 同一集団内で起き、
　　　　　　　② 関係上、弱い立場に立たされた者に、
　　　　　　　③ 身体的暴力を加えたり、
　　　　　　　④ 心理的な苦痛や圧力を感じさせる
　　行為である。

　つまり、いじめは見ず知らずの関係で起こるものではなく、日常生活でかかわりのある人間関係の中で起きるものであること。いじめる者といじめられる者の関係は対等ではなく、強者と弱者という立場にあり、一方的に強者から弱者へと加えられるものであること。そして、いじめの行為としては、殴る・蹴るといった身体的暴力だけでなく、プロレスごっこと称される遊びの中で加えられるもの、盗みや家からの金品の持ち出しの強要などの犯罪行為も含まれる。さらに、陰口やからかい、仲間はずれ、集団による無視等の心理的行為も指す。
　身体的・心理的言動を受ける側（いじめられる側）がそのことを思い悩み、学校へ行くことの不安等を感じれば、いじめる側が「遊んでいるだけだ」「ちょっとふざけただけ」などと、いじめをしているとの意識がなくても、その言動はいじめとみなされるのである。

②いじめの4層構造

いじめの4層構造

いじめの4層構造

　いじめは当初、いじめられる者といじめる者の二者関係の中で発生するが、いじめを継続させる構造があることを、大阪市立大学の森田洋司氏は示している。いじめは、いじめられる者といじめる者以外に「観衆」と「傍観者」による4層構造をなしているというものである。

いじめを助長し、継続させる「観衆」と「傍観者」

　「観衆」とは、いじめ行為には直接手をくだしていないが、いじめの場面にいて、笑いながら見ていたり、「おもしろい！」「もっとやれ！」といじめをはやし立てる者を言う。
　あたかも演劇を楽しむ観衆のようであり、その心情はいじめる者と同化し、その役割は観衆が役者を鼓舞するように、いじめを是認し、いじめる者を駆り立てるものである。
　「傍観者」とは、いじめの場にいて、「観衆」のもう一つ外側からいじめを目撃している。しかし、チラッと見て"いつものこと。自分には関係ない"とほとんど関心を示さなかったり、"またやってるよ。いいかげんにやめればいいのに"と不快な思いを感じていたり、"止めてやりたいけど、自分は巻き込まれたくない"といじめられる者に同情はするが、自分にいじめが向かうことを恐れていたり、"先生に言ったって、どうせなくならない"といじめを止めることをあきらめているなど、その心情はさまざまである。
　しかし、その役割はいじめを暗黙のうちに認めるものであり、いじめの継続に大きな役割を果たしている。

　いじめの指導では、「観衆」「傍観者」の立場の者もいじめに加担していることを意識させることが重要になる。

③いじめのパターン(心理と構造)

	個人
構造図	(図)
理由	仲間求め・欲求不満の解消
多発時期	幼稚園・小学校低・中学年

いじめの心理と構造

　東京都立教育研究所の「いじめ問題」研究(平成7、8年)では、いじめにかかわる人間関係を構造的にとらえ、いじめにかかわっている集団の規模といじめている子どもの心理の両面から、いじめの類型化をしている。

1 個人による仲間求めや不満解消を背景にしたいじめ

　友達としてかかわるつもりの言動が、いつも乱暴だったり相手の嫌がることだったり、あるいは日ごろの欲求不満を周囲の子に悪態をついたり、からかったりして解消しようとするいじめの類型。多発期は、幼稚園や小学校の低・中学年であるが、中学生でも起こる。

2 小集団における対抗意識や連帯感を背景にしたいじめ

　学級内の仲間グループや、部活動・係活動等の小集団の仲間関係の中

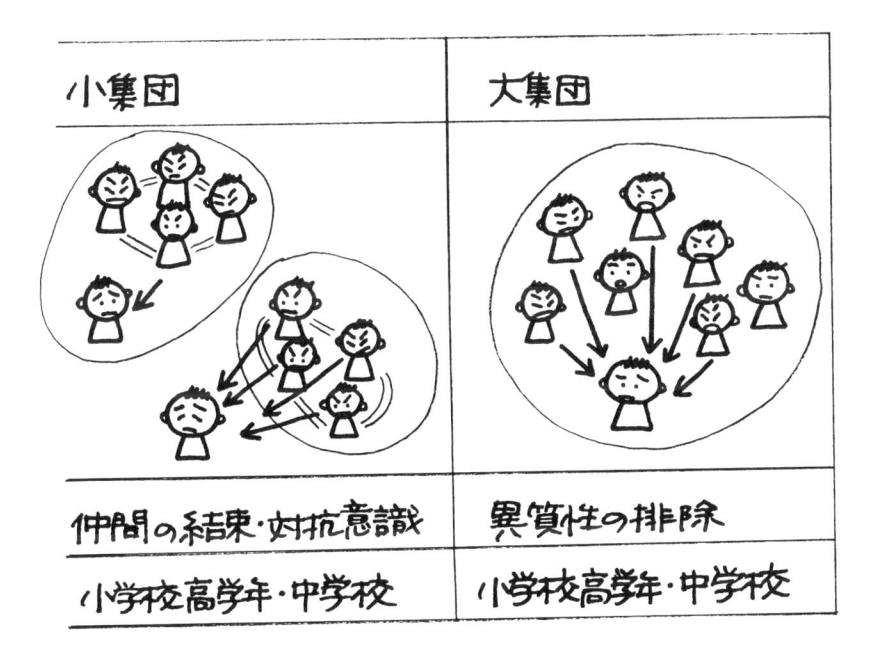

小集団	大集団
(図)	(図)
仲間の結束・対抗意識	異質性の排除
小学校高学年・中学校	小学校高学年・中学校

で起こる。グループ内でリーダーの座を巡っての対抗意識からのものや、集団外の子を標的としていじめることで結果的に仲間集団が結束を固める連帯感からのいじめの類型。多発期は、小学校高学年から中学生の段階。

③ 大集団による排斥感を背景にしたいじめ

　学級全体あるいは学級を超えた大きな集団から、一人の子どもが排斥されるもので、長期にわたることが多い。一人の子どもが集団の中で何かなじまない、違和感をもたれる存在として受け止められ、集団全体に、その子に対する共通の排斥感が存在するという特徴がある。小学校中学年から起こり、中学生の段階でも多く見られる。

　この他に、非行集団にみられるいじめも類型の一つとしている。集団の規模では、小集団であるが、万引きの強要やリンチなど犯罪行為も関係し深刻な事態になることもある。小学校高学年から中学生で多発する。

④いじめの態様

いじめの態様

　どのようなことがいじめとして行われているのだろうか。
　大きくは次の二つに大別できる。
「わざとぶつかる、たたく、蹴る、つねる、プロレスごっこなど遊びをよそおい殴打する、衣服を脱がす、金銭や物を取り上げる」等の身体的・物理的なもの、「仲間外れ、無視、陰口、持ち物をかくす、閉じ込める」等の心理的なものである。
　小学校では「ぶつ、蹴る、つねる」等の身体的暴力や「仲間外れ、無視」等の心理的苦痛を与えるものが多い。特に、幼児や小学校低学年では「たたく、蹴る」を訴えるものが最も多く、低年齢の子どもは、身体的な不快感を伴うものをいじめとしてとらえる傾向にある。
　また、中学校では「仲間外れ、無視、陰口」の件数が最も多く、以下「いやがらせ、いたずら」「わざとぶつかる、たたく、蹴る」「おどす、暴力、金銭を要求」の順に減少する傾向にある。「仲間外れ、無視、陰口」ではいじめる側が、いじめられる側の倍近い人数になるなど、多数が少数をいじめる構図になっている。また、「おどす、暴力、金銭を要求」するいじめは、少数の特定のものがおこなうことが多い。（宮崎大）

いじめを見ている子どもの心理

　いじめにかかわる集団の規模が大きくなるにつれて、いじめを見ている子どもの心理は、いじめている子どもの心理と重なり、いじめる側に加担していく傾向がある。しかし、小・中学生ともに共通の心理として「かかわりをもちたくない」「自分がいじめられたくない」「いじめているグループが怖い」というものもある。
　集団でのいじめの場合、いじめを見ている子どもたちへの指導がいじめをなくす「かぎ」となる。
　　　　　　　　　　　　　　　　　　　　　　　　　　　　（都研）

3) 少年非行

少年非行の現状 （令和6年の統計による）

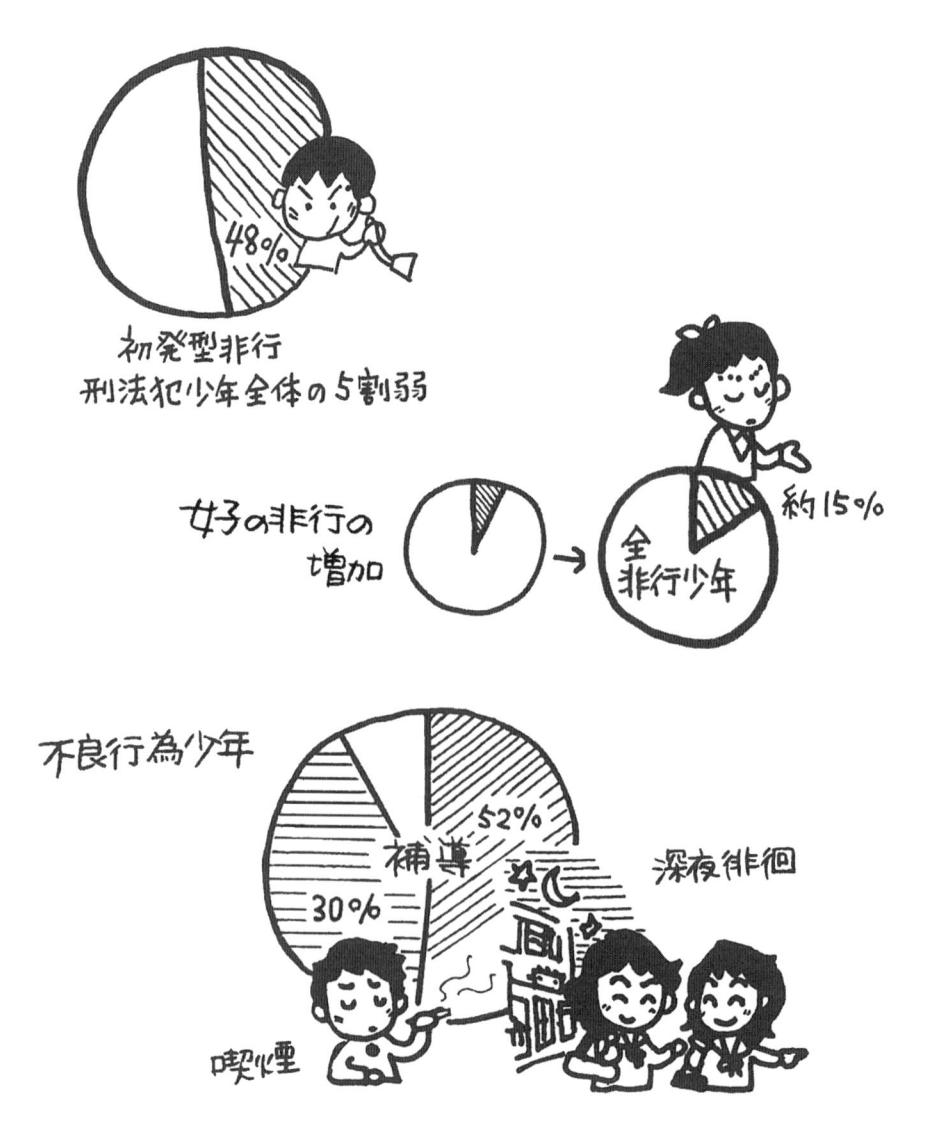

初発型非行 48%
刑法犯少年全体の5割弱

女子の非行の増加 → 全非行少年 約15%

不良行為少年
補導 52%
30% 喫煙
深夜徘徊

他人を傷つけたり、物を盗んだり等の行為を行う少年非行は次の二つに分けられる。刑罰法令を犯したりそれに触れる行為を行った"非行少年"と"不良行為少年"である。
　"非行少年"とは、犯罪少年（刑法や売春防止法、覚せい剤取締法等に違反した14歳以上20歳未満の少年）、触法少年（刑罰法令に触れる行為をした14歳未満の少年）、ぐ犯少年（将来、罪を犯すおそれのある少年）をいう。
　"不良行為少年"は、非行少年には該当しないが、飲酒、喫煙、けんか、その他自己又は他人の徳性を害する行為をしている者。なかでも、深夜徘徊で補導された人数は約17万人、喫煙で補導された10万人を合わせると、検挙・補導された不良行為少年の約82％で大半を占める。

初発型非行とは

　刑法犯のうち、万引き、自転車盗、オートバイ盗、占有離脱物横領は初発型非行と言われ、単純な動機から罪の意識がほとんどない状態で行われることが多い。しかし、本格的な非行の入り口ともなるものである。そして、刑法犯少年のうち48％がこの初発型非行である。

非行の入り口：万引き

　なんの気なしに店の物を取ってしまう。初発型非行の5割強を占めている万引きは非行の入り口と言われる。1回の過ちで終わるか否かは、初めて連絡を受けたときの親の対応が大きく影響する。
　万引きは犯罪であり、許されない行為であること。店側への親の心からの謝罪の姿を目にした子どもは、再び繰り返すことは少ないであろう。しかし、「このくらいのことで！」「払えばいいでしょ！」的な親の態度からは、子どもは万引きが犯罪であることを自覚することなく、「見つかったら払えばいい」と学び、その後も万引きを繰り返し、さらなる非行の道に踏み込むことになる。

①児童虐待とは

身体的虐待　　　性的虐待

児童虐待

ネグレクト　　　心理的虐待

児童虐待とは

　児童虐待とは、保護者が自分が保護すべき18歳に満たない児童に対して行うものをいい、子どもの心身の発達や人格形成に重大な影響を及ぼすのみならず、子どもの生命が奪われることもある。
「児童虐待防止法」が2000（平成12）年11月（巻末資料参照）に施行された。保護者とは、その児童の親権を行う者や未成年後見人等であり、実父母とは限らず、生活を共にして実際に児童を監護する立場にあるものを指す。
「児童虐待防止法」（第2条）は、児童虐待の行為を、身体的虐待、性的虐待、ネグレクト、心理的虐待の四つに分けて定義している。
1. 児童の身体に外傷が生じ、又は生じるおそれのある暴行を加えること。
2. 児童にわいせつな行為をすること又は児童をしてわいせつな行為をさせること。
3. 児童の心身の正常な発達を妨げるような著しい減食又は長時間の放置（中略）その他の保護者としての監護を著しく怠ること。
4. 児童に対する著しい暴言又は著しく拒絶的な対応（中略）その他の児童に著しい心理的外傷を与える言動を行うこと。

　身体的虐待とは、殴る、ける、熱湯をかける、煙草の火を押しつける等の暴行行為や戸外に長時間しめだすなどをいう。性的虐待とは、性的行為のみならず、子ともに強要してポルノグラフィーの被写体にしたり、性器を見せたりする行為も含まれる。ネグレクトは養育の放棄・怠慢であり、適切な衣食住の世話をせず放置したり、病気なのに医者にみせない、乳幼児を家に残してたびたび外出する、また車の中に放置する、家に閉じ込め学校に登校させないなどである。心理的虐待は、無視や拒否的な態度、罵声をあびせる、ことばによるおどかしや脅迫、兄弟姉妹間で極端な差別扱いをするなどの行為を指す。

②児童虐待の現状

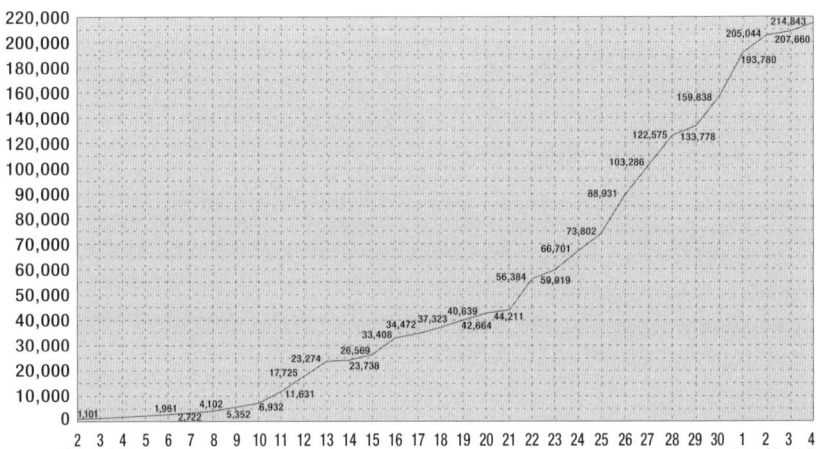

虐待に関する相談件数の推移（平成2年〜令和4年度）

年度	件数
平成2	1,101
3	1,961
4	2,722
5	4,102
6	5,352
7	6,932
8	11,631
9	17,725
10	23,274
11	23,738
12	26,569
13	34,472
14	33,408
15	37,323
16	40,639
17	42,664
18	44,211
19	56,384
20	59,919
21	66,701
22	73,802
23	88,931
24	103,286
25	122,575
26	133,778
27	159,838
28	193,780
29	205,044
30	207,660
令和1	214,843

こども家庭庁資料より

●平成12年度の大幅な増加は、前年比61.8％であった。これは関係者に対する通報を強化した「虐待防止法」の施行により従来は表面に出なかった虐待が相談されるようになったもの。平成16年度の増加は、さまざまな虐待事件がマスコミで報道されたことによる関心の高まりを反映したものと考えられる。

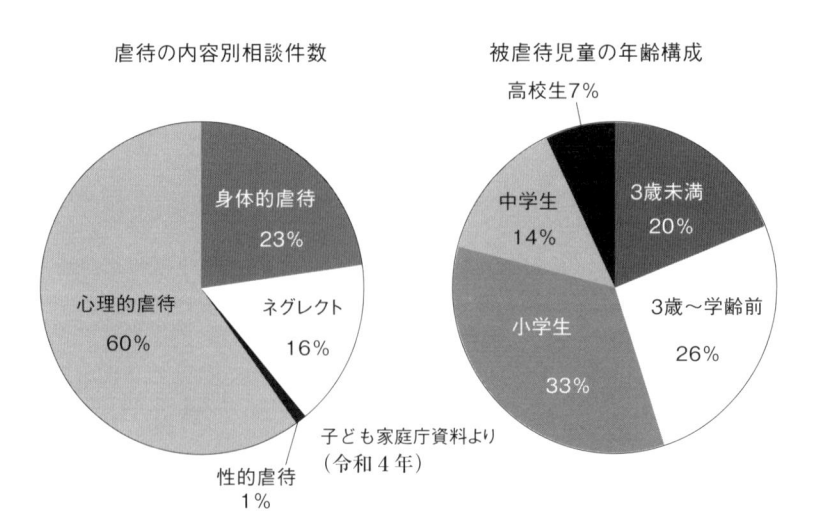

虐待の内容別相談件数
- 心理的虐待 60％
- 身体的虐待 23％
- ネグレクト 16％
- 性的虐待 1％

被虐待児童の年齢構成
- 3歳未満 20％
- 3歳〜学齢前 26％
- 小学生 33％
- 中学生 14％
- 高校生 7％

子ども家庭庁資料より（令和4年）

早期発見と通告の義務

児童虐待を発見した際の通報については、児童福祉法第25条により、「福祉事務所や児童相談所に通告しなければならない」という義務があるが、「児童虐待の防止等に関する法律」では、第5条に児童虐待を発見しやすい立場にある「学校の教職員、児童福祉施設の職員、医師、保健師、弁護士その他児童の福祉に職務上関係のある者」の早期発見の義務が、また、第6条には、発見した者の速やかな通告の義務が、さらに詳細に定められている。

虐待の実態

児童相談所における児童虐待の相談件数は、平成11年度より増え始め、平成24年度からは前年度比1割を超える増加率で推移し、令和4年度は214,843件で過去最多であり、平成10年度の6,932件の31倍である。

虐待を内容別にみると、身体的虐待23％、ネグレクト16％、心理的虐待60％、性的虐待1.1％である。心理的虐待は前年度とほぼ同様である。心理的虐待は同胞への虐待や、警察からの通告が増加傾向にある保護者の配偶者に対する暴力（面前DV）の影響が考えられる。また、主な虐待者は実母が半数を割り、実父と合わせると90％が実の親であるが、近年父親の割合が増加している。被虐待児は学齢前が46％と最も多く、小学生33％、中学生14％、高校生7％と、幼い子どもが圧倒的多数を占める。

> **身体的虐待の例**
> 小学校1年の女子が、3歳ごろから母親によってなぐられるなどの虐待を受けていた。"言うことをきかない"というささいなきっかけからであったが、次第にエスカレートして風呂の水に顔をつけられたりするようにもなった。父親は薄々気づいているようだが、何も言わない。

5）LD（学習障害）

LD（学習障害）とは

　学習障害は"Learning Disabilities"と複数形で称されるように、複数の症状の総称であり、以下のような特徴をもつ。
(1)　知的発達には遅れはない。
(2)　聞く、話す、読む、書く、計算する、推論するなど学習と深くかかわる能力に著しいアンバランスがあるため、学習上の困難を示す。
(3)　その原因として、中枢神経系の機能障害が考えられる。
(4)　いかなる年齢においても生じる可能性がある。
　これらが学習障害の主な点であり、学習障害児の行動上の問題としてよくあげられる注意集中困難や多動性は学習障害の本質ではないが、中枢神経系の機能障害の及ぼす二次的な症状として現れてくることが多い。
　学習障害は、つまずきの状態により言語性LD、非言語性LD、両方を併せ持つLDの三つのタイプに分けられる。

学習場面でよく見られる困難

　①話し言葉の理解や表出の困難：相手の話の内容が理解できなかったり、言われたことをすぐ忘れる。言いたいことをうまく言えない。
　②文字の読み書きの困難：形の似ている文字を読み間違える、文章の行をとばして読む。鏡文字になる、文字のバランスが悪い。
　③算数・数学の困難：数の順序や単位が理解できない。繰り上がりや繰り下がりの加減算ができない。表やグラフの読み取り困難等。
　④協応運動の困難：ひも結びやボール運動、跳び箱等の運動がむずかしく、不器用な子と思われることが多い。
　⑤社会的認知の困難：相手の表情や身振りから相手の思いを察したり周囲の状況を理解することが難しい。

6) ADHD（注意欠陥／多動性障害）

ADHDの行動の特徴

不注意

多動性

衝動性

LD（学習障害）とADHD（注意欠陥／多動性障害）の関係

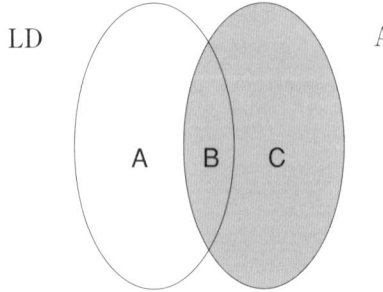

A：学習のつまづき
B：学習のつまづきと注意欠陥・多動性の問題の合併
C：注意欠陥・多動性の問題

ADHD（注意欠陥／多動性障害）とは

　ADHD（Attention Deficit/Hyperactivity Disorder）は、注意欠陥／多動性障害といわれ、「不注意」「多動性」「衝動性」の三つの症状を特徴とする症候群で、学習障害と同様に脳の機能障害がその原因であると推定されているが、現在のところまだ明らかになっていない。
　その定義は、「年齢あるいは発達に不釣り合いな注意力、及び／又は衝動性、他動性を特徴とする行動の障害で、社会的な活動や学業の機能に支障をきたすものである。また、7歳以前に現れ、その状態が継続し、中枢神経系に何らかの要因による機能不全があると推定される」とされている。（特別支援教育の在り方に関する調査研究協力者会議：最終報告　平成15年）
　知的障害や自閉症等の障害は認められず、下記のいくつかの行動が7歳以前にあり、学校や家庭などの場での著しい不適応が半年以上続いていることがADHDと判断される基準となる。

ADHDの行動の特徴

　①不注意：課題や遊びの活動で注意を集中し続けることが難しい、必要な物を置き忘れたりなくしたりする、不注意な間違いを繰り返す、面と向かって話しかけられても聞いていないように見える等々の行動。
　②多動性：じっとしていられない、授業中の立ち歩きが多い、絶えず身体を動かしている、時や所かまわずしゃべる等々の行動。
　③衝動性：順番を待つことが難しい、友達にすぐ手を出す、質問を最後まで聞かずに答える、他の人がしていることをさえぎったりじゃましたりする等々の行動。
　LD（学習障害）とADHD（注意欠陥／多動性障害）は、異なる障害であるが合併する割合は高いと言われている。安易な診断は避け、専門機関に相談し、指導についての連携をとることが必要である。

①かん黙とは

かん黙の背景は…

- 自己表現を傷つけられる体験
- コミュニケーションの楽しさの経験不足
- 保護者の関心を得るための退行
- かん黙は意志を通す武器
- 保護者の強い不安傾向への同一化

かん黙とは

　脳の言語中枢や構音器官に障害は認められないにもかかわらず、ことばを発しない状態をいう。家庭では話をするのに、幼稚園や学校等の特定の場で話をしない状態を場面かん黙、または選択的かん黙といい、幼児で0.5％ほど出現するが、年齢が上がるにつれて減少する。

場面かん黙の背景

　ことばで自己表現をしない場面があるものの「人との関係の中で自分を表現したい欲求」はもっていることを前提にして、対人行動の観点からとらえると、場面かん黙には五つのタイプがある。

　Aタイプ：乳児期の喃語発声期に、温かく受け入れられなかったために、意思を伝える意欲が育たないままに成長した、コミュニケーションの楽しさを経験していないタイプ。話す意欲が薄く、家でも口数が少ない。

　Bタイプ：乳幼児期に、自己表現を傷つけられるような体験をしたため、だれに対しても自己表現の欲求をおさえつけてしまい、意欲をもとうとしないタイプ。

　Cタイプ：保護者の関心を得ようと退行する行動の一部として、かん黙が現れる。かん黙の症状で自己表現し、他からの関心を得ようとするタイプ。

　Dタイプ：保護者の強い不安傾向に同一化したためか、神経質になって保護者のささいな動揺も不安となり、自己表現に不安を抱いているタイプ。

　Eタイプ：過保護に養育されたため、自分の意思の統制ができず、受け入れられない場面では、自分を表わそうとせず拒否し、かん黙を武器にしているタイプ。

②かん黙：家と学校

学校（園）と家庭での様子

　心因性の場面かん黙の子どもの学校での様子は、ことばは発しないが問いかけには"うなずき"などで答えるものから、筋肉が硬直して行動もストップしてしまうものまで、さまざまである。
　身体的な緊張を伴う重い状態になると、感情が全く現れない無表情や歩行などもギクシャクした不自然な状態になる。また、学習に伴う教室移動をしなかったり、着替えを含む体育の活動をしない等、大幅な行動停止状態となる。さらに、給食を食べない、トイレに行かない等、生命活動に影響を及ぼすようなこともある。
　一方家庭では、多くはその生活や家族との会話は普通であるか、学校で口をきかない反動からか、普通以上に話して"おしゃべり"になる子どももいる。園や学校で行動停止が出るような重い状態の場合は、家でも家族以外の他人がいると話をしなくなるなどの状態になる。
　学校（園）での様子と家庭での様子が異なることが多いこともあって、生活に不安を抱いている保護者もいれば、家庭外での子どもの様子を全く想像もできない保護者もいる。

学校（園）の対応

　声を出させよう、話をさせようとの意図をもった特別の働きかけはせず、自然にかかわることを心掛ける。
　学級の他の子どもにも、話をしない以外はみんなと同じであり、必要なときに手助けをするように伝える。
　また、本人の緊張を解くには、個別のプレイ・セラピーが有効であるので、保護者に教育相談をすすめるとよい。
　転校や進学を期に、症状が劇的に改善される場合も少なくない。

第5部 子ども理解に先立つ教師の自己理解

1）感じ方・見方はさまざま

感じ方，見方はさまざま

　"月"ということばを聞いたとき，思い浮かべるものは人によって異なる。ある人は"澄んだ秋空に輝く満月"を，ある人は"アポロ宇宙船が着陸した月面"を，また"手の届かないあこがれ"を想像する人もいるかもしれない。このような違いはなぜ起きるのであろうか。

我々がコミュニケーションの手段として用いることばは、二つの意味をもつと言語心理学では説明される。一つはことばが示す概念の事実内容〔**外延**〕であり、"月"のそれは『地球の周りを回る天体であり、太陽の反射光によって地球という惑星の夜を部分的に照らすもの』というものである。もう一つはそのことばを話したり聞いたりするときに想起されること〔**内包**〕である。"月"に関するさまざまな思いは、内包的意味である。
　ことばの意味のほとんどが、「(各人の)人生の実際の状況に伴って聞き、ある状況と連合させて習う」ものであるから、ことばはそれぞれの人の経験と深く結びつき、内包的意味は人によって異なるのである。
　このように単語一つとっても、どのように受け取るかは人によって異なるわけであるが、実際の出来事はことばや行動、思惑が複雑に絡み合うので、だれしもが納得する唯一の真実などは存在しないと言ってよい。

人によって異なる心理的事実

　教師は日ごろ子どもと接しているし、同僚教師からの情報もあるので、子ども本人の話と自分が持っている情報が食い違うことが珍しくない。そのようなとき、子どもの話をそのまま受け取り難い心境になる。問題行動が繰り返される場合はなおさらである。
　しかし、物事の受けとめは人によって異なることを知っていれば、子どもの話を頭から否定するのではなく、子ども側の言い分を心理的事実として受けとめることができるだろう。
　このことは芥川龍之介の小説"藪の中"を題材とした黒澤明の映画"羅生門"に描かれた通りである。妻を伴った旅の侍が盗賊に襲われて死ぬ。その事の成り行きを語らせると、盗賊と侍の妻、侍(霊)では三人三様に食い違う。同じ場に居合わせた三人であるが、各人の視点から語らせると、異なってくる。そして、どれもが各人にとっては真実なのである。

2) 行動と感情

行動 ≠ 内面 (感情)

他者の心を察するには.
行動や表情など 外にあらわれたところから。
しかし、行動と内面は 必ずしも一致しない。

「顔で笑って、心で泣いて」の名文句にあるように、人の心と行動は必ずしも一致しない。

生後3か月くらいから人の感情は快・不快に分化し始め、不快なときは泣くことでそれを訴える。しばらくすると怒りや嫌悪、恐れが現れ、2歳くらいまでの間に他者への愛情や喜び、嫉妬といった基本的な感情の分化がなされる。この時期までの乳幼児は、その行動を見ていると、手に取るように心も理解できる。

発達や社会生活の広がりの中で、子どもは感情の表現の仕方を学んでいく。それは、身近な人の模倣であったり、周囲の人々の自分へのかかわり方によって身につけてゆく。体いっぱいにうれしさを表す子どもに、親も一緒になって喜びその思いを受けとめたら、その子はうれしさを素直に表すようになる。一方、「あんまりはしゃぐんじゃない！」と、思いの表出を止められるような対応をされると、うれしさを感じても表情に出せないようになる。

日々さまざまなかかわりを積み重ねる中で、個々の子どもの感情の表し方に違いが生じる。

人が他者の内面（感情）を知ろうとするとき、主に表情や行動から憶測することが多い。そして、その憶測は自分の経験や想像の範囲を出ないので、時として読み違えることがある。例えば、"淋しい"という感情一つをとってみても、人によりとる行動はさまざまである。「泣く」「甘える」「猫を抱きしめてじっとしている」「友達に愚痴る」「電話をする」「手紙を書く」「人にあたる」「嫌がらせをする」「はしゃぐ」「人込みに出かける」「勉強する」「片付けをする」等々…その行動を見ただけで、"淋しいのかな？"と大方の人が理解ができるのは、「泣く」「甘える」「猫を抱きしめてじっとしている」くらいであろうか。

行動からその人の内面の感情をピタリと読むことは易しいことではない。子どもの場合も同様で、安易に憶測するよりも、話を聞く中でその子の思いを理解するのが望ましい。

3）人はだれでも多面体

仲良しの同級生

苦手な担任教師

いろいろな顔のA君
すべてA君

部活動の先輩

好意をよせる女の子

どれが本当のA君？

　教師の間で一人の子に対する評価が食い違うことはめずらしくない。担任教師は、「こっちから『おはよう！』って声をかけても、うんでもなけりゃすんでもない。扱いにくい子だ」と苦い顔をし、音楽専科は、「部活動は熱心だし、好きなアイドルの話をよくするし、陽気な子よ」と笑う。養護教諭は、「先週2回保健室に来たの。1回は怪我した子の付添いでね。2回目はちらっとのぞいていったんだけど、何か話したそうだった。繊細な感じの子」等々……。

　これでは、話に加わる教師の数だけA君像が出てきそうである。
　どれが本当のA君だろうか。すべてがA君である。それでは、A君は相手によって態度を変える二重人格、いや二十面相なのか？

人はだれしも二十面相

　人はだれしも、対する相手によって異なる面を見せる多面体である。自分で意識しているときもあれば、意識しないときもある。
　初対面の人に見せる顔、仲のよい友達に見せる顔、部活動の先輩に見せる顔、「いいな」と思っている異性に見せる顔、得意な教科の教師に見せる顔、話が通じない担任に見せる顔など……。二十面相どころではない。なぜ、違うのか？　それは、A君と相手の人間関係による。

自分が知っているA男は、A男のすべてではない

　保護者と学校側が子どもの理解を巡って行き違うと、「子どもをわかってくれない教師」「子どもが見えない甘い親」などと、互いに非難し合うことがある。
　これは、「自分が知っている子どもの姿がすべてである」との思い込みからくる。お互い自分が見ているのはA君の一面であり、相手は違う側面を見ている可能性があることに気づく必要があろう。

4) 人それぞれが異なる見方

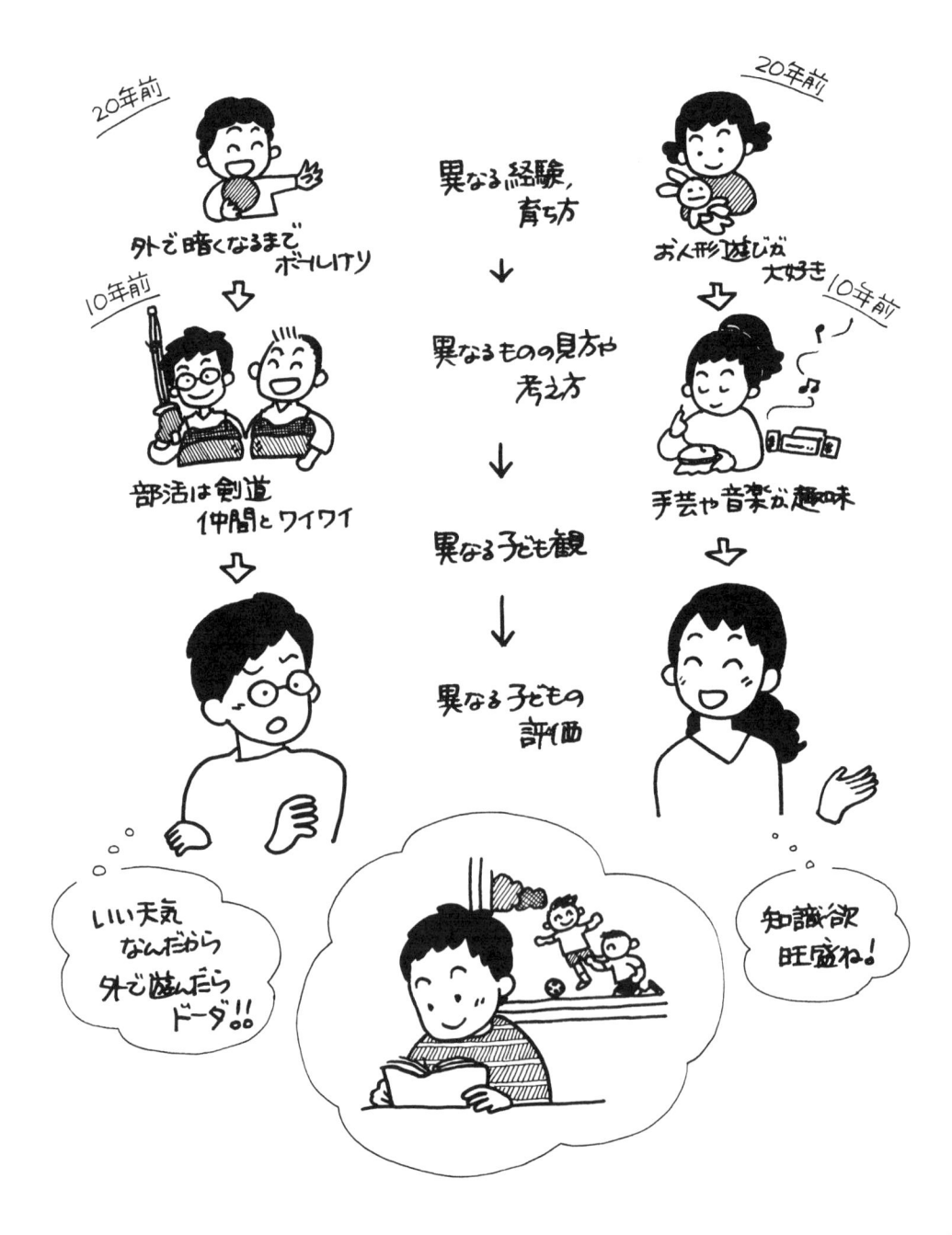

人により異なるA君像

　教師間で一人の子に対する評価の食い違いは、"子どもが、相手との人間関係により異なる面をみせる"ことがその要因であるということを前項で述べたが、食い違いを生むもう一つの要因が、教師側にある。それは、"個々の教師により異なった見方をする"ということである。

　例えば、雪がちらちら降るのを見て、ある人はスキーやスノーボードといった楽しいウインタースポーツを思い浮かべ心が浮き立つかもしれない。また、ある人は、「この雪じゃ随分積もるだろうな。雪下ろしが大変だろうな」と雪による生活の厳しさを思うだろう。前者は通常は雪の被害など被らない地域に住んでいる人、後者は雪国の生活の厳しさを体験している人とも考えられる。

　個人が一つの事柄をどうとらえるかは、その人がどこでどのような家庭に生まれ育ったか、どのような人々に出会ったか、どんな経験をしてきたかなど、出会った人や環境、出来事と密接に関係している。こうしたことの違いは日常のさまざまな事柄に及び、一人として同じ人はいない。

　一人の子どもをどう見るかは、見る個々の教師の子ども観や教育観、ひいては人生観や価値観による。

　天気のよい日の休み時間に教室で本を読んでいる子を、"子どもは元気で活発なのがいい"という子ども観をもった教師は、物足りなさを感じるだろう。一方"騒がしいのは嫌い"という教師は、同じ子を"内省的な落ち着いた子"とプラスに評価するかもしれない。子どもをどう見るかは自分の価値観の現れでもある。

　自分の見方だけにとらわれず、他の教師の見方を参考にすることで、見えてくる子どもの側面がある。

1）自分自身を知ること

理想の自己

現実の自己

自分自身を知ることの意味

　ロジャーズの相談者の三つの条件（p.30）の第3番目に「相談者自身の一致性（congruence）」が挙げられている。
　これは、相談を受ける側の相談者が「自己一致」していること。つまり、ありのままの自分を受容していることが、相手を受容するために必要とされることを意味している。

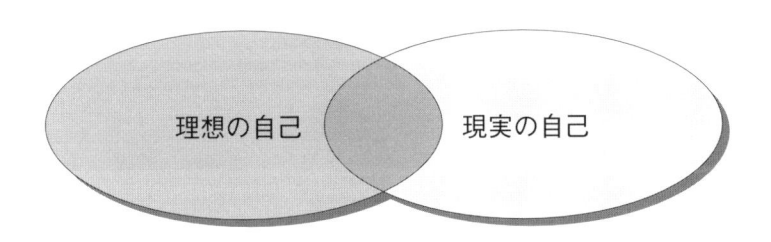

理想の自己　　現実の自己

　「自己一致」をロジャーズは、理想の自己と現実の自己の二つの重なった円で説明している。その重なる部分を多くするために、人は理想に向かって努力を重ねたり、また理想を現実に近づけたりと悪戦苦闘をするのである。
　そして、「自己一致」とは自分の理想と現実が一致していることではなく、自分のよい点だけでなく弱点やダメなところも含め、一致していない自分自身を受け入れていることであり、「不完全さをしっかり受けとめる」（平木）姿にあると言われる。
　教育相談では、相手を理解することは不可欠であり、その人間理解には相談者の物の見方や考え方、価値観が色濃く反映される。
　それゆえに、自分がどのような物の見方をするのか、どのような子どもを好ましい（子ども観）と思っているのか、またどのような教育をしたい（教育観）のか等々、「自己一致」のためにも自分自身について知る必要がある。

①自己理解：交流分析（TA）

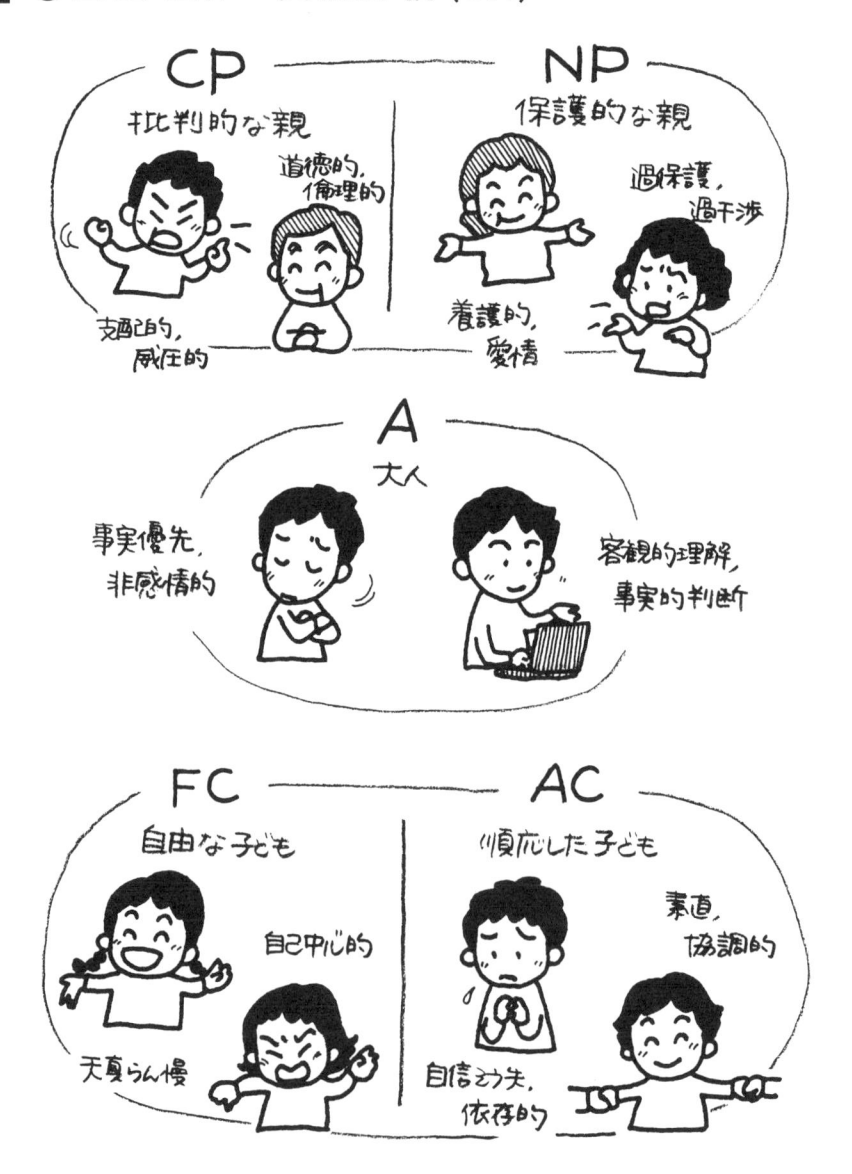

CP 批判的な親
- 道徳的、倫理的
- 支配的、威圧的

NP 保護的な親
- 過保護、過干渉
- 養護的、愛情

A 大人
- 事実優先、非感情的
- 客観的理解、事実的判断

FC 自由な子ども
- 自己中心的
- 天真らん漫

AC 順応した子ども
- 素直、協調的
- 自信喪失、依存的

"三つの私"

交流分析（Transactional Analysis ＝TAと略）は精神科医エリック・バーン（Eric Berne 1957）が創案した自己分析法である。人の思考や感情、行動を記号や図式を使って簡潔に説明したもので、その理解し易さや使い易さから精神分析の口語版ともいわれている。

三つの私

　人はだれでも心に三つの私（自我状態）をもっており、その三つの状態を行ったり来たりしている。状況に応じてその中の一つが強く反応するが、その集積がその人の思考や行動のパターンとなる。TAでは、人の悩みや葛藤、人間関係のトラブルは、この三つの私に気づいていなかったり、そのバランスの崩れを自分でコントロールできないために起こると考える。自我状態を知ることで、心身のコントロールや他者と親密な心の交流ができるようになるというものである。三つの私とは、親（Parent）、大人（Adult）、子ども（Child）の三つの自我状態を言う。
　親の自我状態（P）は、両親など養育者の考えや行動を取り込んだ部分で、二つの側面をもっている。規則を守ったり、善し悪しの価値判断をするなどの父親的な厳しさを示す「批判的な親（Critical Parent）」と、他者に対する思いやりなど母親的な養護的側面の「保護的な親（Nurturing Parent）」である。
　大人の自我状態（A）は、感情に左右されず、事実に基づいて合理的に判断する、知性や理性と関連する側面である。
　子どもの自我状態（C）は、自分の人格の中にある幼い子どもの状態で、二つの側面がある。何物にもとらわれない自由な部分の「自由な子ども（Free Child）」と、親などの期待に添おうと自分の本当の気持ちを抑えている部分の「順応した子ども（Adapted Child）」である。

②自己理解：エゴグラム

エゴグラム

　エゴグラムは、交流分析の創設者バーンの弟子J. デュセイ（J.Dusay）が考案した交流分析に基づく自己分析の方法である。
　人がだれしももっている三つの私（自我状態）である、親の自我状態P（CP／NP）、大人の自我状態A、子どもの自我状態C（FC／AC）のそれぞれが出している心的エネルギーを計り、グラフ化する。そこからP、A、Cのバランスを知り、自分の特徴を客観的に知ることができるというものである。
　左のエゴグラムは、自分も他者も受け入れられず、良い人間関係を築きにくい適応のよくないタイプの例である。"NPを底としてACへ上がっていく谷型で、PやAの機能が弱くCが強いのが特徴である。NPが低いため他の人との暖かい交流が持ちにくく、ACが高いため自分に対して肯定的構えが取りにくい自我状態と言える"（「交流分析入門」チーム医療 1990）

自己変容に向かって

　エゴグラムは自己分析に使えると同時に、自己変容にも使用できる。そのためには、
　① 自分がどのようになりたいかを明確にする。
　② そのためには、エゴグラムのどこを変えたらよいかを考える。
　　　高いところを下げるより、低いところを徐々に上げるほうが効果的である。心的エネルギー量は一定なので、ある部分が上がると他の部分は下がる。
　③ 気長に、少しずつ少しずつ。（今の自分は生まれてからの年月を負っている。そう簡単に変わらないが、必ず変われると信じて）

①自己理解の四つの窓

ジョ・ハリの窓

```
                          自分が
              知っている         知らない

         ┌──────────────┬──────────────┐
         │ 開放した領域  │ 気づかない領域│
  知ら   │  A先生       │              │
  れて   │  3-2担       │  集合写真は  │
  いる   │  野球⚾       │  いつも最後列右端│
         │  生活指導担当│  左アングルに自信あり…│
  他人に ├──────────────┼──────────────┤
         │ 隠した領域   │ 未知の領域   │
  知ら   │  中学時代…   │   ？！       │
  れて   │              │              │
  いない │  おばちゃん  │              │
         │  ゴメン…     │              │
         └──────────────┴──────────────┘
```

自己理解の四つの窓

「人との関係の中での自分」を理解するものとしてジョー・ルフト（Joe Luft）とハリー・イングラム（Harry Ingram）が「ジョハリの窓」（Johari's window 1966）を考案した。

第1の窓は、自分も他人も知っている「開放した領域」である。

学校の教師を例にとると、A先生が男性であり、3年2組の担任で専門教科は体育であること。野球部の顧問をしており、生活指導担当であることなどを、生徒たちは知っている。野球部の部員は、学生時代のA先生は補欠選手でくやしい思いをした経験があることを知っているだろう。また、非行グループの番長への対応で一歩も引かない正義感と信念のある教師であることを同僚教師は知っている。

第2の窓は、他人は知っているが自分は知らない「気づかない領域」。

A先生は、集合写真では常に最後列の右端でやや斜めに構えている。本人は意識していないが、「先生は左アングルに自信があるんだ」と生徒の間では言われている。

第3の窓は、自分は知っているが他人は知らない「隠した領域」。

中学生のころ、学校帰りに近所の駄菓子屋の店先に並んでいたメロンパンを1個取ってしまったことを、A先生は、いまだにだれにも話すことができないでいる。

そして、第4の窓は、自分も他人も知らない「未知の領域」である。

ここに何があるかは、他の人はもちろん、A先生も知っていない。

「開放した領域」が広いほど、心の健康な状態にあり、他者とも楽な人間関係にあると言える。「開放した領域」を広くするには、「隠した領域」を自己開示によって開放することと、友人から自分の気づかない面を指摘してもらうことで「気づかない領域」を減らすことである。

他者の助言や忠告に謙虚に耳を傾けることが、人間関係だけでなく自分を深く理解し、成長させることにつながる。

②自分の見方だけがすべてではない

図版A

- 白鳥
- 鷹
- 花
- 手裏剣
- 障子の穴

図版B

みんな違ってみんないい（人それぞれ、見方は異なる）

　図版Aを見て、何を想像するだろうか。多くの人は「鳥」と答えるだろう。さらに、「どんな鳥か？」と問われたら、想像される具体的な鳥はさまざまであろう。

「鷹、鳶、鶴、烏、つばめ、雁、白鳥……」
　これらの鳥の姿を一つひとつ具体的に想像すると、何か違和感を覚える。それは、特徴が大きく違う鳥が混在しているように思えるからである。それは、「鷹、鳶、烏、つばめ」群と「鶴、雁、白鳥」群である。なぜこのような違いが生まれたかは、シルエットのどこを鳥の頭と見立てたかによる。「鷹、鳶、烏、つばめ」と答えた人は、短い方を鳥の頭の部分と見立て、一方「鶴、雁、白鳥」を挙げた人は長い方を頭と想像したからであろう。このように鳥と想像した人の中でも、どの特徴をとらえるか、そしてどの鳥を具体的にイメージするかは同一ではない。
　この図版の上下左右を自由に回転させて、何に見えるかを問うと、鳥以上にさまざまな答えが出る。「花、手裏剣、卍くずし、二本のさやえんどうが交差している、障子の穴……」。
　図版Bはどうであろう。「ルビンの壺」として心理学では有名な絵で「図と地」の説明に必ずと言っていいほど引用される。「図と地」とは我々の視覚や聴覚に、ある一定の形として浮かび上がったり、音として認知される領域を「図」といい、それらの背景となり注意されない領域を「地」という。図版Bでは、中央部分に白い壺が見える。一方黒い部分に注目すると二人の人が向かい合っている横顔が見えてくる。白い壺が図として見えているときは黒い部分は背景となり横顔は見えない。その反対に横顔が見えているときは、白い壺は背景となるので見えず、両方同時に見えることはない。

　図版Aのような簡単なものでも、人によってさまざまなものが見えてくる。また、図版Bは、じっと注視していれば図が反転するので、「白い壺も黒い横顔」も見ることができる。しかし、一瞬間見ただけでは、どちらか一方しか見えないだろう。自分が目にしたものは正しい。しかし、見なかったもの見えなかったものも存在するのである。
　自分が見たものだけがすべてではない。

③視点を変えると見えてくる

図版C

図版D

① まず、何が見えたか

② 別なものを見るには
　　視点を変えて…

視点を変えると新しい世界

　図版Cには何が見えるだろうか。「頭に羽飾りをつけ、黒のネックレスをし、毛皮をまとった若い女性の後ろ向きに近い横顔」と、大多数の人が答えるだろう。図版Cはだまし絵として有名で、心理学の教科書等に載っており、見たことや絵の解説を聞いたことのある人は多い。それらの人はこの絵からは「若い女」とは別に「老女」が見えることを知っている。初めてこの絵を見せられた場合、「若い女」を見つけるのは易しいが、同じ絵に「老女」を即座に見つけられる人は少ない。「老女が描かれている」と言われても、その姿を認めることは易しくない。
　それはこの絵が、「図と地」（P104）の図版のように、じっと見ているだけで、図と地が入れ替わり二つの絵が交互に浮かんでくるものではないからである。「若い女」の黒いネックレスが「老女」の口、「若い女」の耳が「老女」の目、同様に「若い女」のあごの線が「老女」の鼻梁と、自分が初めに見たものを変更していかないと見えてこない。すなわち、絵を見る視点を変えなければ、「若い女性」から「老女」に変換しないのである。
　自分が初めに見たものを全く別なものとして認知することは、実生活の上では大変難しい。図版Cは絵であるから、別の見方を指摘されて見直すことができるが、実生活での物事は図版よりも複雑で、変化もしており、別の見方を示されても簡単にはいかない。
　自分の物の見方、その視点を変えることは、想像以上に難しいことである。しかし、視点を変えてみなければ、新しい世界は見えてこないのである。
　図版Dからは、何が見えるであろうか。「座った裸婦」とは別に「男の顔」も見えてくるはずである。視点を変えれば……。

第6部　教育相談の考えを生かした指導

1) 子どもは本来伸びようとするもの

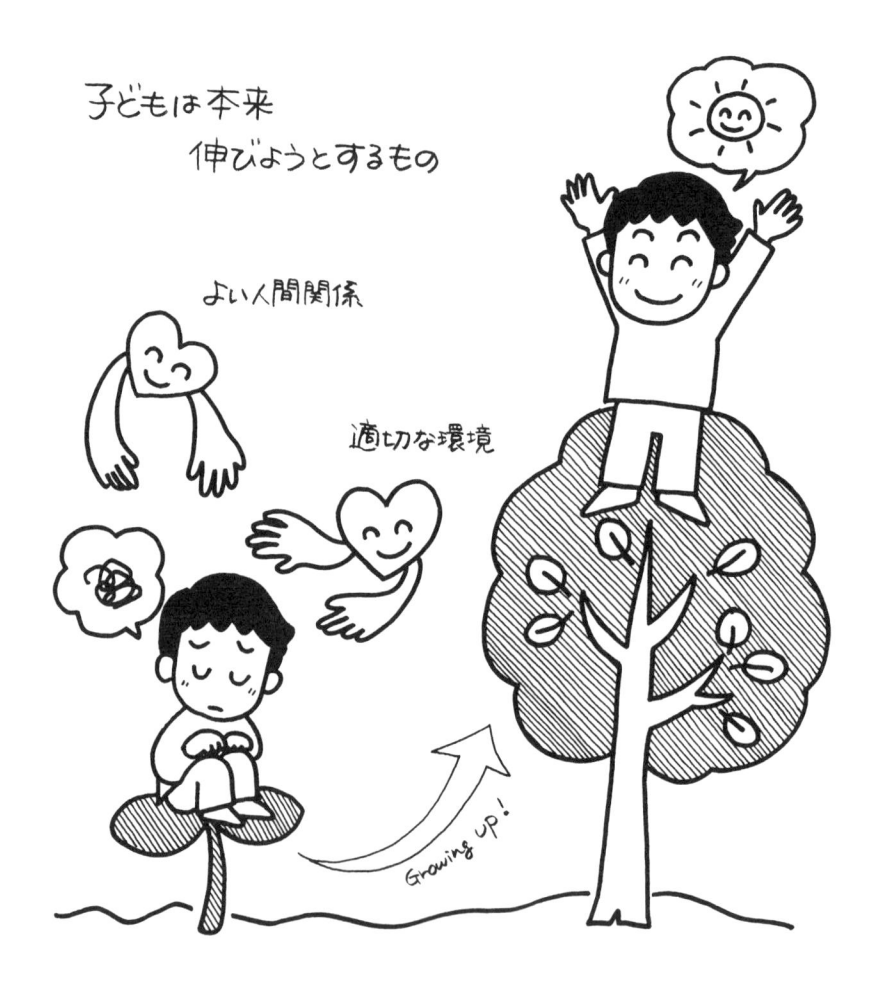

子どもは本来
　　伸びようとするもの

よい人間関係

適切な環境

Growing up！

子どもは適切な環境のもとに置かれれば
まっすぐに伸びようとするものである。

　発達を規定するものとして、古くから「遺伝」と「環境」がいわれている。"発達は生まれつきの素質によって決まっている"というのが遺

伝論であり、"発達は生後の環境や経験によって決まる"と考えるのが環境論である。現在では、どちらかが決定的なものではなく、人と環境の複雑な相互作用のなかで発達があるという考え方が主流である。

ロジャースの来談者中心療法は、「カウンセラーとの信頼関係を作り上げる過程で、クライエント（来談者）は自分のありのままが受容されることを経験する。そして、自分の立場に立って考え、感じてくれるカウンセラーとのやりとりを通して、自由な自己を取り戻し、自分を見つめる中で行動も変化していく」という、一人一人の人間が本来もっている力を信じるものである。そしてまた、「不登校やいじめ等の問題行動は、自分が置かれている状況では生き生きと生きられないことの子どもからの訴えであり、どうにかしてほしいサインである」との考え方は、子どもは、適切な環境のもとに置かれれば真っ直ぐに伸びようとするものであるという人間観や人への信頼を基盤とするものである。

教師は援助者

一人一人の子どもが生き生きと自分を発揮できるような環境を整えること、立ちすくんでいるときには動き出すまでそっと支える等、教師は子どもの援助者でありたい。特に、失敗を恐れ、新しいことや難しいことに挑戦しようとしない子どもには、挑戦する態度を励まし、失敗から学ぶことの意味を知らせる等、子どもたちが試行錯誤しながら自ら学ぶ過程を支え励ます役割が求められる。

また、個人の悩みや哀しみは安易に他者が理解できるものではないし、本人に代わって解決できるものでもない。教師にできることは、子どもの成長しようとする力を信じること。そして、抱える問題が深ければ深いほど「どこまで自分を信じてくれるか」と教師を試す子どもを、何度裏切られようとも見捨てずかかわり続けることである。このような"賽の河原の石積み"のような深い徒労感を覚えるかかわりを続けてくれる教師の存在は、つらい人生を歩む子どもにとって大きな支えとなる。

2) マイナス面だけにとらわれない

問題行動があり教師に反抗的な子だと…

友達からの信頼

手先の器用さ

努力

やさしさ

ゆがんだ子ども像

　いかに問題と思われる行動があっても、それはその子の一部であり、すべてではない。

　子どもの問題行動に頭を悩ましていると、その問題が肥大化して、それがすべてのような思いになることがある。そして、マイナス面ばかりを拾い集めるような否定的な感情に支配されてしまう。

　これは「ハロー効果（halo effect）」と言われるものである。ある人について強く印象づけられる特徴があると、それによってその人に対する判断が影響を受けて、歪められることである。例えば、成績がよいと、性格までよい子であると評価してしまったりすることもこの例である。何を好意的に評価し、何を疎んじるかはその人によって異なるが、多くは自分が好ましいと思う特徴を持っている人をよく評価し、嫌だと思う特徴のある人を悪く評価するものである。だれしもが多かれ少なかれこの傾向をもっている。

　この背景には評価する側の価値観があり、自分がどのような価値観や考え方の傾向があるかを理解し、意識することで、悪い状況に陥らないようにすることができる。

悪くなってやろうじゃないか

　否定的な気持ちで接すると、子どもはその思いを敏感に察知し、ますますマイナスの行動をとり、関係は悪化する。このような"教師が抱く子どもへの期待が、その子どもの学習結果に影響を及ぼす"ことはローゼンソール等の実験（Rosenthal, R. & Jacobson, L.et. 1968）によって明らかにされた。この現象は「ピグマリオン効果（Pygmalion effect）」と言われる。このような状況に陥らないためには、「問題行動がその子のすべてではない」との認識をもって、その子のプラス面を見つける努力をすることである。どんな小さなことでも「こんないい面もある」とわかれば、教師の気持ちや態度も和らぐ。そこからが始まりである。

3)「いい子」すぎる子は要注意

子どもの　　昔　　　　　今

家庭内

あれやって〜　これやって〜
期待にこたえなきゃ…

家庭外・学校

はーい！班長
はーい並んでいくよー
おいてくぞ！
のろのろすんんじゃねーよ

「いい子」すぎる子は要注意

「家では王様、外では借りてきた猫」というのが一般的な子どものイメージである。

人はだれしも、安心できる人の前では甘えやわがままが出る。家では甘えん坊でも、外では年齢相応の行動がとれるものであり、内外の違いがあるのが当たり前のことといえる。

しかし、家でも学校でも「いい子」がいる。比較的穏やかで、自己主張をあまりせず、従順で、やるべきことは言われないうちにやり、よく気がつくような子どもである。親や教師の期待を敏感に感じ取り、自分の本当の気持ちを抑え、大人の期待する自分を懸命に演じている。そして、心の中にストレスをためている。「優等生の息切れ」と言われる不登校のタイプは、「いい子」が頑張り切れなくなり、自分を取り戻すために不登校となった姿ともいえるのである。

ところが最近では「家でいい子、学校ではやり放題」の子どもが増えている。学校では、授業中の立ち歩きや友達とのトラブルなどが絶えない子が、家庭訪問では別人のような立ち居振る舞いを見せてベテラン教師たちを混乱させている。

これは、自分がどんなであっても親から見放されることはないとの基本的信頼感をもてない、心の底から親に愛されている実感をもっていない子の姿であり、家でも学校でも「いい子」よりもその危機感は強い。「○○だったら」等の条件付きの親の愛を失わないように、懸命に親の期待する「いい子」を家で演じるのである。「ありのままの自分」でいられないストレスはどこかで発散しなければ心の平衡は保てない。それゆえ、学校でそのストレスを吐き出すのである。

このような子どもの場合、学校と家で見せる姿が違うので、子どもの理解や学校での指導についての保護者の協力を得るのは難しい。

4) 友達はその子を映す鏡

何かひかれるものを相手に見いだしたときに親しい友達関係はつくられる。

「友達はその子を映す鏡」といわれるように、どのような子と友達なのかは、その子どもを知る大きな手掛かりとなる
　幼児や小学校低学年では、家が近いとか席が隣とか物理的な要因や、"なんとなく好き"という情緒的な要因が強く、比較的短期間に変わる傾向にある。年齢が高くなるにつれて、性格や興味・関心が一致するといった人格的なことが友達となる大きな要因となる。
　いかにも似た者同士といった友達関係もあれば、意外な友達関係というものもある。外見はどうあれ、何か心ひかれるものを相手に見いだしたときに親しい友達関係はつくられる。子どもの心の要求や変化は友達関係に現れる。互いに相手の何にひかれて友達でいるのかを考えることは、子ども理解の助けとなる。

いじめられてもグループを抜けられないわけ

　非行グループ内で特定の子が金銭を奪われたり暴行を加えられたりして、時には死に追いやられることがある。また、仲良しグループの中で、次々といじめの対象を代えたグループ内いじめが小学校高学年の女子によく起こる。教師や親は「なぜそんなつらい思いをしてまで、グループにいるのか」「抜け出てしまえばいいのに」と思う。しかし、子どもたちは、"孤独"よりも"グループの一員"でいることを選ぶ。グループを形成するということは、もともと互いにひかれるものがあるということである。また、既成の他のグループに途中から加わることは難しいことを考えると、グループを抜けたら一人になることを意味する。
　大人であれば、仕事や家庭の他に、趣味のグループや地域社会等々と気の合う仲間を求める場も手段も多様である。しかし、生活範囲の狭い子どもには学校の存在は想像以上に大きく、学校での仲間を失ったら友達はだれもいない独りぼっちになる可能性が高い。グループから簡単には抜けられないのである。

1）子どもとともに喜び悲しむ

豊かな感性を磨く背景

豊かな感性

豊かな感性で子どもを包む

　口を開けば人を傷つけ、相手が不愉快な顔をしたり怒っても、傷ついた相手の気持ちがわからない。教師に注意されると、「本当のことを言ったのになぜ怒るの？」と真顔で言う子。一方では、本人なりの言い分はあるのだろうが、周囲には突然前触れもなくとしか言いようのないくらい唐突にキレて大暴れをする子等々。

　このような子どもは、成長の中で自分の気持ちが適切に受けとめられなかったことなどにより、情緒の発達が阻害され、他者の気持ちを理解するどころか、自分の感情さえ的確には把握できていない状態にある。これほどではないにしても、親や友達等の周囲から自分をどう見られるかに過敏になり、自分の感じたことを素直に表現できない子どもが少なくない。

　"教師だから" "大人だから" と自分の感情を抑えて冷静に振る舞うばかりでは、子どもたちの感性を養えない。時には、喜びや悲しみ、怒りと、感性をフル稼働させることが必要である。感情表出のモデルを示すと同時に、子どもと同じことを一緒に喜んだり、悲しみをともにすることで、感動を分かち合うことのすばらしさや分かち合える人のいることの幸せを伝えることができる。自分の感情を適切に解放することや感情を共有する経験を通して、他者とのつながりも強めることができる。

感性を磨く芸術や多様な友人

　感性は放っておけばさびてくる。感性を磨くには、文学や音楽、絵画などの芸術作品を鑑賞したり、異業種の友人をもつこと等が有効である。"教師の常識は、世間の非常識" などと揶揄されることがないように、幅広い話題に興味をもち、自分と異なる世界に住み、異なる感性の人々と広く交流することで、自分の視野も広がり、感性も豊かになる。

2)「完璧な大人」を演じない

教師の自己開示

　子どもたちは、教師の言動に多大な関心を寄せている。「先生はどう思う？」と教師の考えを聞きたがったり、「先生はどうだったの？」と教師自身について知りたがる。自分自身のことを他者に話すことを"自己開示"と言うが、自己開示は子どもたちとの人間関係の形成や維持に大きな役割を果す。
　自己開示の内容は、自分の趣味など比較的表面的な事柄から、孤独感など自分の内面的事柄へと人の成長に伴って変化する。また、人間関係の深まりによっても、自己開示内容が浅いものから深いものへと変化する。したがって、子どもが教師のことを知りたがっているのだからといって何でも話せばよいというものではない。特に、自分や身内の自慢話ばかりでは自己開示がマイナスになることもある。
　適切なタイミングでの適切な開示が子どもたちとの関係を深めるのである。

「完璧な大人」を演じない

　過ちや勘違いはだれにでもあることだが、教師が自分の間違いを率直に認めることは易しいようで難しい。自分の非を認めなかったり、言い逃れをしようとする教師に、子どもは不満と不信感を募らせる。
　教師に間違いがあってはならないと、建前や「べき論」で対するのではなく、必要なときには謝り、また本音を語れる大人でありたい。「煙草は身体に悪いとわかってる。禁煙しようと努力しているけど、疲れたりイライラしたりすると、つい煙草に手がいってしまう」等々、自分の弱さや迷いを話せるとよい。
　悩みながらも努力している姿は、子どもたちにほっとした思いや教師への共感をよび、心の距離を縮めるであろう。

3）先入観をもたない

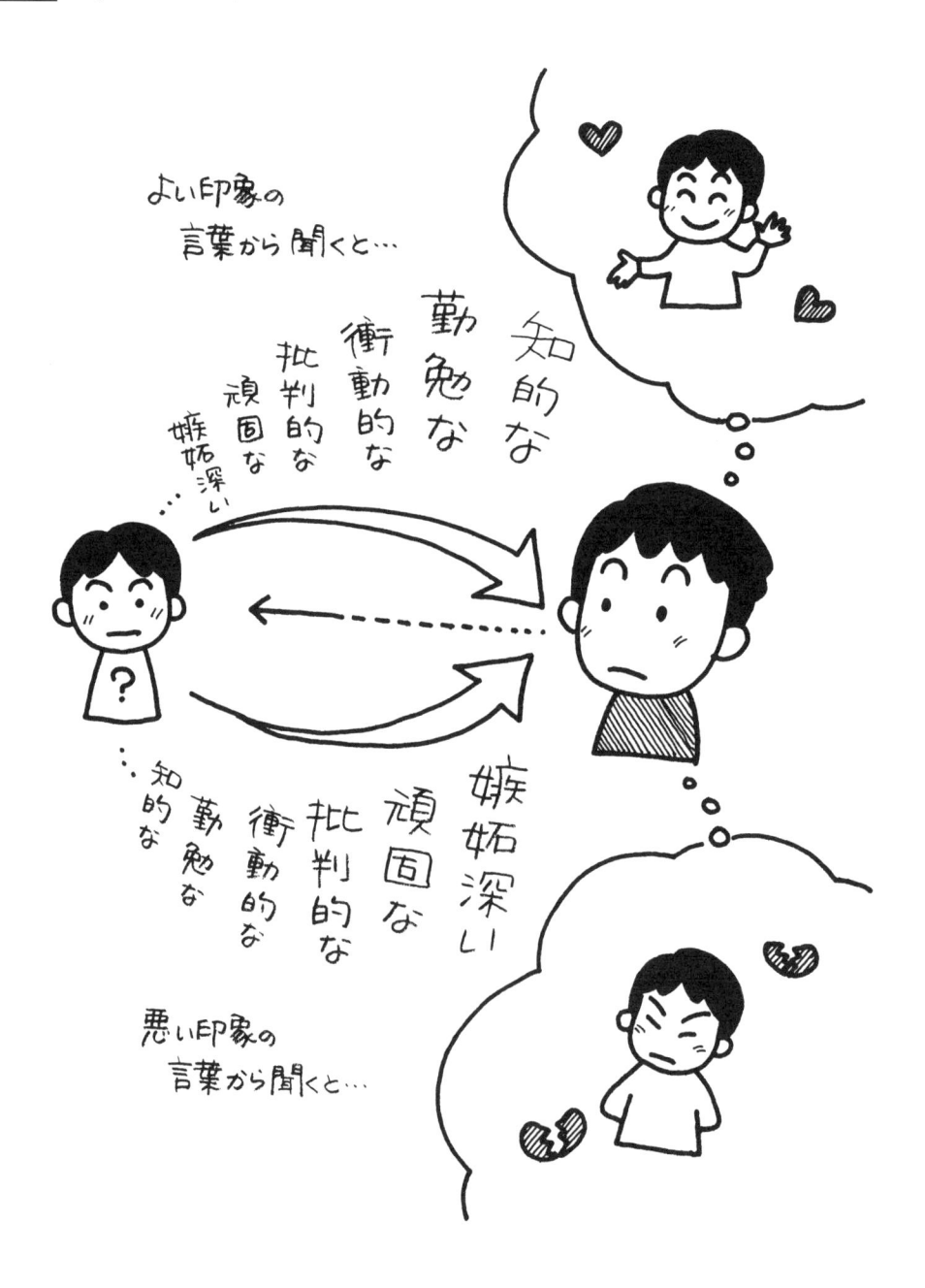

よい印象の言葉から聞くと…

知的な
勤勉な
衝動的な
批判的な
頑固な
嫉妬深い
…

嫉妬深い
頑固な
批判的な
衝動的な
勤勉な
…知的な

悪い印象の言葉から聞くと…

変えにくい初めの印象

　社会心理学者のS.E.アッシュ（S. E. Asch 1946）は、人に対する印象は、「先入観」（初めに与えられた情報）により決められ、変わりにくいものであると言っている。
　ある人の性格特性として「知的な、勤勉な、衝動的な、批判的な、頑固な、嫉妬深い」の六つの語を、一つのグループにはよい性格特性から、別のグループには悪い印象を与える特性から情報を与えた場合、結果的には、同じ情報を得たにもかかわらず、評価が全く異なったというのである。
　つまり、最初に「よい性格の人」という情報を得ると、後で悪い情報が入っても最初の印象は簡単には覆らない。逆に最初に悪い印象をもってしまうと、よいところが見えなくなってしまうというのである。

目の前にいる子どもが真実

　アッシュの実験は、教師に次のことを警告している。学校には保護者や地域から子どものさまざまな情報が寄せられる。また、同僚教師からも子どもの言動についての情報がその教師の評価といっしょにもたらされる。
　過去の行状や周囲の評判等々は、先入観や思い込みを生みやすい。それらにとらわれると、子どもの語ることやしぐさ、表情など、本来は教師自身の感性で感じ取らねばならないことが、先入観で歪められ、真の理解に至らなくなる危険性が生じる。
　大事なことは、情報は情報として受け入れながらもそれに振り回されず、先入観をできるだけ排して、自分の感性と心を全開にして、自分の目の前にいる子どもに対することである。

①教師の面接の特徴

教師面接の特徴

教師が子どもと学校で面接をする場合の主な特徴として次の点が挙げられている（都立教育研究所 昭和62-63）。
(1) 子どもより教師の発言時間が長い。
(2) 沈黙のあと、教師のほうから話しだす場合が多い。
(3) 発言の内容は、約7割が「指示」と「リード」（スナイダーのカウンセラーの内容範疇）の範疇で占められる。その中でも、「兄弟は何人いますか」等の事実的な答えを要求する"直接的質問"が発言時間・回数ともに最も多く、教師の考えを受け入れるべきであるというように説き伏せる"説得"がそれに次いで多い。

(4) 子どもが表現した感情等を明確な形で述べる"感情の承認"や、激励し、不安を軽減しようとする"再保証"はごくわずかである。

　これらから、教師の面接は、専門機関の面接場面で大切にされる"場面構成"（その面接の目標、時間などに関する説明。例「ここではどんな話をしてもかまいません。時間は大体1時間くらいにしましょう」）についての発言や"話題選択"（子ども側に話題の選択をさせる）もなく、教師がリードする面接であること。そして、教師が「質問し、情報を与えたり説明をして、説得する」形で進む傾向が強く、子どもの気持ちにかかわることが少なく受容的でない特徴をもつと考えられる。

　一方、日ごろの人間関係が面接に与える影響が大きいことも明らかにされている。

(5) 子どもがその教師を好きであったり信頼感を抱いたりしていると、子どもの気持ちと多少ちぐはぐな対応があっても、子どもは本音を語り、教師の助言を受け入れる傾向にある。

日頃からよい関係にあると…

子どもが本音を語る

②面談の声をかけるとき

教師が子どもや保護者と面談をする際には、どのようなことに留意して臨めばよいのであろうか。
　面談は、「話をしたい」との声をかけたときから既に始まっている。教師から話をしたいと声をかけられたときに、多くの子どもや保護者は不安感を覚える。その理由が言われなかったときにはいっそう不安になる。教師から面談を申し出るいわゆる"呼び出し面談"をスムーズに進めるに、実際の面談以前および、面談中に配慮すべきことがある。

面談の声をかけるときの配慮

①面談したい理由を告げる：「ちょっと話があるから、放課後職員室に来なさい」等と子どもに伝えることが多い。教師から個人的に声をかけられるのは、ほとんどが注意を受けるなど、問題があるときだと、子どもは言う。この認識は保護者も同様である。それは、「何か問題があったときに呼び出すことが多い」という教師のことばからも裏付けられる。「○○のことで、話を聞きたいから」等々、面談の理由を簡単に伝えることで、不安が和らげられる。
②相手の都合を尋ねる：保護者の場合は、保護者の都合を考慮して日や時間が決められることが多いが、子どもの場合も配慮すべきであろう。多くの子どもは、先生からの呼び出しは、「避けられないもの」として受けとめている。しかし、教師が告げた時刻には、既に予定が入っているかもしれない。都合がつくかどうかを尋ねることが、相手を尊重することになる。教師との面談を友達と遊ぶ約束より無条件に優先させねばならない理由はない。
③面談の時間を決める：教師の都合で面談が始まり、いつ終わるかわからないという面談はやめたい。「20分くらいどうかな」など、面談に必要な時間を決めて面談に臨み、延長は極力避け、約束通りに終わるようにしたい。

③また話したくなる心配り

面談時の配慮

- 呼び出した意図を明確に…
- 何を語っても自由、秘密は厳守ということを伝える
- 今日、話したいと思ったのはね…
- 開かれた質問をする
- えーと‥ぼくが思うのは…
- 〜についてどう考えてる？
- 90度の角度の席に座る
- うん、君が思うのは？…うん、
- 相手の言葉にうなずき言葉を繰り返す
- 今日はここまでにしよう
- 時間を守る

安心感を与え、聞く姿勢で接するとともに、時間を守り、また話したいという雰囲気で終われるようにする。

　面談では、面談をする場所や座る位置など（場面設定）も見逃せない重要な点である。ふだん使っている教室で行えば、その場所に慣れているので教師にとっても、呼ばれた子どもや保護者にとっても気持ちは楽である。そして、机をなかに90度の角度の席に座れば、常に相手の視線を意識することはないので緊張感も薄れる。より親しく話をしようと思えば、並んで座り、逆に緊張感をもって話に臨みたいときは机等を挟んで正面に座ることである。

面談時の配慮

[1] 導入（場面構成）での配慮で、安心感を与えられる

面接の初めに①呼び出した意図を明確にすること、②何を語っても自由であること、③秘密を守ることなどを伝えると、子どもや保護者の不安は和らぎ、安心して面接に臨める効果がある。

[2] 教師が一方的に話さない

教師の面接は、「質問し、情報を与え説得する」パターンが多く、教師の話が面談時間全体の過半を占める傾向がある。これでは、教師が言いたいことだけを伝える一方的な説教と変わらない。相手の話を聞く姿勢が必要である。それには、

①開かれた質問：特に子どもと面談する場合は、「○○についてどう考えてるの？」などの"開かれた質問"で子どもの考えや思いを語らせる。

②うなずきや繰り返し：子どもの話にうなずいたり、そのことばを繰り返すと、大事な箇所が共感され、話が理解されたと実感できる。

[3] 約束の時間を厳守

約束の時間が来たら終わりにする。再度話す必要があれば、「また話したいが、いつなら都合がいいか」などと伝え、次回の日時を約束する。どうしても必要な場合のみ、相手に了解を得て短時間延長する。

[4] また話したいという雰囲気で終わる

「呼び出されると長いから……」と、面談自体がうんざりするものだとの印象を残さないようにする。それには、上記の三つの条件を守ることが必要である。問題が重ければ1回の面談で解決することはない。長い面談は緊急対応（妊娠や自殺念慮等）のときのみにして、通常の場合は長くても1時間以内とする。問題の解決には継続的な面談が欠かせないので、「自分の話を聞いてくれる。また、話してもいいかな……」という印象を相手に与えることが、特に初回の面談では必要である。

1) 明確な行動枠を示す

踏み越えてはいけない線

　子どもは、ちらちら大人の顔色をうかがいながら、どこまで許されるか試す行動をとることがよくある。大人が明確なモラルと基準をもっていないと、ずるずると言いなりになり、収拾のつかない状況になること

も少なくない。

「むかついた！」と暴れて、投げた椅子があたって怪我をさせたのに、そんな所にいたのが悪いと言う子ども。店先で「買ってくれにゃ、やだー」と泣きわめいたり、「座れない！」と満員の電車の中で駄々をこねるなど、社会で生きるためのしつけが全くされていないような子ども等々、決して珍しくない今の子どもの状態である。無制限に子どもの要求を受け入れることが、その子を受け入れることにはならない。特に、してはいけないことやその限度については、大人が明確な善悪の基準をもち、それを子どもにはっきりと示すことが必要である。学校であれば、それは頭髪の長さやスカート丈といったことではなく、"自分や他人を傷つけること"や"他者の権利を踏みにじること"などの人として行ってはならない基本的な事柄に限定すべきであろう。

してはいけないこと、許されないことの枠がはっきり示されることで子どもは安定し、自分を律することも学ぶのである。

悪いことは悪い

善悪の判断や自分の行動への責任を教えるのは、基本的には保護者の役割であるが、義務教育段階では学校の果たす役割も大きい。個人の自由は社会生活のルールの上にあり、何をやってもよいや自分勝手とは違うこと、ルール違反や許されない行為は見逃さず、「悪いことは悪い」と言い、子どもと対峙することが、子どもの成長のためにも必要である。

ある教師の話「中学2年のとき、『おまえ、びっこじゃん』とあざ笑うような声がした。言われた子は唇をかんでうつむいていた。そのとき教師は、そのことばがどれほど相手を傷つけたか、また言った本人の人間性をどのくらい卑しめたかを、顔を紅潮させ声を震わせて訴えた。教師の目には涙があふれていた。しんと静まり返った教室。生徒のために必死になっている先生の姿。この出来事が、私が教師を志望した原点だ」

2）教師は他者受容のモデル

陽性のストローク：教師は他者受容のモデル

　学級の雰囲気とは不思議なもので、同じ学校の隣り合わせの同学年でも全く違う。これは、学級を構成する子どもが違うから当然であるが、中学生よりは小学生、小学生よりは幼児と、年齢が幼いほど教師が与える影響は大きい。

2) 教師は他者受容のモデル

　ある小学校の3年生の学級で、授業中の立ち歩き、けんか、担任への罵声と収拾のつかない状況となり、担任が体調をくずした。年配の講師が来て、3か月もしないうちに学級は落ち着きを取り戻した。「着任したときの学級は、騒がしくとげとげしていて、すぐあちこちで言い合いが始まり、授業を聞こうとする雰囲気すらありませんでした」と講師は振り返っている。そこで、講師のしたことは、まず子どもの話を聞いたこと、悪いことやルール違反は見逃さず注意をしたこと、よい点は認めたことであった。
　「子どもは親の言うことではなく、やることを真似る」とよく言う。このことは教師と子どもの場合も同様である。学級目標は「みんな　なかよく」とか「友情」とかだとしても、教師が子どもの意見を無視したり、馬鹿にしたりすれば、殺伐とした雰囲気の学級となるだろう。一人の子どもに教師がどう対応するかを子どもたちはじいっと見ている。学級に広がったいじめのきっかけが、その子を軽んじた教師の一言であったという例もある。相手を受け入れることと相手から受け入れられることはコインの裏表であり、まず自分が受け入れられ、認められて初めて、他者を受け入れることができるようになる。それは自分が愛されたように人を愛するのであり、愛されたことのない者が他者を愛することができないことと同様である。
　学級では、教師が子ども一人一人の発言や行動を認めてゆくことで、子どもは自分が受け入れられる経験をする。また、この教師の姿勢が子どものモデルとなって友達を認め、受け入れるようになるのである。
　TA（交流分析）の基礎理論の一つにストロークがある。これは、人が心身ともに成長するために欠くことのできない"心身のふれあい"のことであり、人間にとって快適なものを"陽性のストローク"と言い、相手の価値や存在を認める働きかけのことである。教師が子どもと、また子どもたちどうしが互いに"陽性のストローク"のやりとりができれば、人間関係も温かなものとなろう。

3) 自己表現力を育てる

"思春期の問題行動と幼児期との関連"を調べた研究（1980）で、思春期に問題行動を示した子どもには、幼児期から「耐性」や「自己表現」の乏しさがあることが指摘された。それから四半世紀の今、失敗や困難を乗り越える力の乏しさや、感情・欲求表現の稚拙さは、多くの子どもたちの特徴と言われている。

> ○年○組の△△です。
> ☆☆先生に用があって参りました。
> 入ってよろしいでしょうか。
> （入室許可の返事があってから）
> 失礼します。
> （用事が終わって退室する時に）
> 失礼しました。

職員室や教科指導教員室の入り口に上のような貼り紙をよく見かけるようになった。小学校ではない。中学や高校の話である。このことは、

小学校の6年間を経たあとも、上記のような礼儀として常識的な表現を身につけていない子どもたちが多いということにほかならない。常識的な表現は、毎回同じでよいが、自分の考えや思い（感情）はそうはいかない。表現力の低下で最も問題となるのは、自分の考えや思い（感情）を表現できず、よい対人関係が築けない子どもの増加なのである。

語彙や表現方法を育てる

　自己表現力は、適切なことばの獲得と表現の仕方の両面から考えることが必要である。

　自分の思いを表現できないのには、適切な語彙をもたない、ことばを知らないということがある。語彙力は、家庭での会話や読書から得られることが多い。特に感情を表現することばは、日常生活で家族との心豊かなやりとりの中で実感をもって習得されるものである。夕焼け空を見上げて、「オレンジ色から橙色になっていく。きれいだね！」との感動を共有したり、「いぬふぐりの花はそっと触らないと、ほろりと落ちるよ。やさしく、やさしくね」等の心を通わせた会話が不可欠である。

　大人も子どもも気ぜわしい現代にあっては、心の余裕をもったかかわりは少なくなってきている。このような現状を教師は意識して、自分の語彙や表現力を磨き、子どもたちに豊かなことばのシャワーを浴びせて語彙を増やしてほしい。

　また、嫌なことを嫌と言えないで、日ごろの不満を突然の暴力で表したり、突然キレてあたりかまわず殴りかかったり、物を投げたりする行動は、感情の発達やその表現の発達からみると極めて幼い段階のものといえる。このような子どもは、まずは、自分の感情を知ることから始め、次にそれを表現することばを知り、さらには暴力等ではなく相手に受け入れられる方法を学ぶことが必要となる。

　ことばはコミュニケーションや思考の道具であると同時に、行動をコントロールするものでもある。否定的な感情を内にため込まないで、少しずつ適切に表現して出すことは問題行動の抑止力ともなる。

4) 耐性を育てる

結果だけでなくプロセスも評価

その子に合った目標や目安の設定

個人内評価を…

「できそうもないと思うと、初めからやろうとしない」「ちょっとつまずくと、すぐあきらめる」という失敗回避傾向を示す子どもたちが増えている。がんばってみようか、もう一度やってみようかと再び挑戦する力が育つ基盤はどこにあるのだろうか。

1 結果だけでなく、プロセスも評価

結果だけが重視されると、だれしも「できた」か「できない」かに目が行く。したがって、やり方に自信がもてなかったり、努力が評価され

ないと思うと、積極的に取り組む気持ちが生まれない。算数・数学のように正答誤答がはっきりする場合でも、解答に行き着く考え方の道筋は単一ではない。考えのどこまではOKだったか、どこから考え直せばよいかがわかれば、やる気も生まれよう。途中の努力が認められない「結果がすべて」という考えでは、失敗や困難を乗り越える力は養えない。

2 その子に合った目標や目安の設定

　一人一人の歩幅が異なるように、学習の到達目標も子どもによって違うのが本来であろう。単元ごとの大きな目標の中で、一人一人の子どもに合った個人目標を設定する必要がある。教師の助言を得ながら、子ども自身が自分の目標を定める。例えば、400メートルを何秒で走るかなどの自己目標値や、シュートの練習本数を決めて授業に臨む。また、宿題でも各自が自分の課題や量を選択する。子どもによっては、自分の力量をはるかに越えるものを選んだり、反対に過少な目標を示すことがある。こういった場合、教師は「なぜ、その目標にしたのか」などを問い、子どもの意見・教師の意見を出し合うなかで、適切な目標が定められるように援助する。目標は、その子が少しがんばれば乗り越えられると思われるものであるとよい。高すぎるものは失敗して挫折感を重ねると逆効果であり、低すぎると目標は達しても次につながる達成感を得にくいからである。もちろん、最終的な目標の決定者は子どもであることを忘れてはならない。

3 個人内評価を

　自分で目標を立て実行すると、伸びた点やもう少しという点などが理解できるようになり、これだけでもやる気につながる。教師が行う評価も、他の子と比較した相対評価ではなく、個人内評価であるのが望ましい。「一学期よりも、太くて力強い字が書けるようになった」とか、「400メートル走で0.3秒速くなった。スタートを工夫すると記録が伸びる」などと、その子が伸びた点を具体的に評価することが重要である。

5) 人とのかかわり方を育てる

「ありがとう」が言えない！

「おはよう」「さようなら」などの日常のあいさつができない、「ありがとう」が言えない、嫌なことを「嫌！」と言えないで日ごろの不満を突然の暴力で表す、相手の「マイッタ」サインがわからず暴力を止められないなど、人とかかわる基本的な事柄を身につけていない子どもが少なくない。

子どもの最初の人とのかかわりは主な養育者である母親とのものである。心身の機能の発達に伴って生活空間が広がり、2歳ごろから他の子との遊びを通して、他者とかかわることの楽しさを経験し、そこから一緒に遊ぶためには自己の欲求を抑えねばならないことなどの社会性が芽生える。そして、児童期のギャングエイジの時期には、ルールや約束を守ること、自分の役割を果たす責任感をはじめ人間関係のもち方の基礎等を学ぶのである。

人とのかかわり方が身についていなかったり、下手になっている一因として、マンガやゲームといった室内での一人の遊びが増えていることや、塾や習い事などで忙しく、多くの子どもたちが小・中学校時代に仲間集団の経験をしていないことなどが挙げられている。子どもたちが、人とのかかわりを学ぶ仲間や場が激減していると言ってよいであろう。

人とのかかわり方を教えよう

子どもの集団生活の場である、幼稚園や保育園、小・中学校で意図的に人とのかかわり方を教える時代になってきている。人間関係の基本である"日常の挨拶"から、"遊びのグループへの入り方""感謝の意の表し方""頼み方""断り方""けんかの仕方""けんかのやめどき""仲直りの仕方"等々、ロールプレイを用いるなど、発達段階や状況に応じて、具体的に教える必要がある。

①やる気を引き出すことば

　"親や先生がほめると、子どもの勉強する意欲が高まる。逆に親が「勉強しなさい」と強要したり、人と比較したりするとやる気をなくす"という調査結果が国立教育政策研究所（平成14）から出た。筆者が以前、「授業の中での教師の一言」を調査した結果からも、同様のことが言える。子どもは、教師の一言で学習に意欲をもったり、やる気をなくす。

"励まし"、"認め"、"ほめる"その子の努力

　教師から「苦手だって言ってるけど、よくがんばってるじゃないか」や「よく考えたね」のように"認められ"たり、「もう少しで7秒台になるね……」と"励まされ"たり、「ノートのまとめ方に工夫がある」と"ほめられ"たときに、子どもは意欲を引き出される。

やる気を引き出すことばは、「前より字が太くなってよくなった」や「計算、速くなったね」等、"一人一人の努力や進歩を認め（個人内評価）"、"具体的にほめる"ものである。さらに、「マット運んでくれて、ありがとう」と子どもの行為に対する"感謝のことば"も、子どもにとってはうれしいものである。

間違えや答えられないのは教え方にも……。

　「質問がわからないのかな？」と聞いたり、「間違ってもいい。答えてごらん」と促す。また、「説明が悪かったのかもしれない。どこがわからないかな？」と問いかけ、不十分な答えにも「もうちょっとでいい答えになる」と励ます等、答えられないことや誤答を子どものせいにしない、指導に責任と愛情をもっている教師のことばかけに、子どもはほっとし、やる気を感じるのである。

《正しい答えや発表をしたとき》
「おっ、鋭い。さえてる」
「よく考えた」
「なるほど。そういう考えもあるね」
《誤答や答えられないとき》
「質問がわからないのかな」
「間違えても自分の考えをもつこ
　が大切だ」
「そうかな。よく考えてごらん」
「説明が悪かったのかもしれない。
　どこがわからないのかな？」
《学級全体に》
「このクラスはいい雰囲気で、
　先生もやる気がでるよ」
「このクラスはよくまとまっている」

《授業のいろいろな場面で》
「ノートのまとめ方に工夫がある」
「前より字が太くなってよくなった」
「計算、速くなったね」
「苦手だって言ってるけど、よくが
　んばってるじゃないか」

②子どもを傷つけることば

思い込みや先入観、否定のことば

　教師が発する何気ない一言で子どもは傷つき、やる気をなくす。「サッカーばかりじゃなくて勉強もしっかりやれ」と"思い込みや先入観から注意"したり、「この字きたないね」と否定のことばを投げつける。また、教師がやる気を出させようとして言う「やる気があるのか！」や「こんなんでどうする」といったことばは、子どもには教師が自分の怒りをぶつけているだけのように受け取れ、かえってやる気がそがれるものである。

皮肉や嫌味、人格を否定することば

　正しい答えをしたのに「おっ、よくわかったな。まぐれだな」と皮肉や嫌味を言ったり、間違えると「こんなのもわからないのか」や「やっぱりお前には無理だ」「もう一度小学校（幼稚園）に行ってこい」等、人格を否定するようなことばを言われたりすると、子どもはやる気をなくすだけでなく、深く傷つく。

他と比較することば

「兄さんはできたのにな」と兄弟と比較して、人前で恥をかかせることばや「学年で最低のクラスだ」「去年の3年より……」と他と比較することは意欲をそぐことばである。

また、自分の発言が間違いであったり、誤解から生じたものであったとわかったときに、「間違いだった。すまない」とか「悪かった」と、真摯に謝らず、弁解したりうやむやにすまそうとする教師の態度は、教師への不信感と学習へのやる気を失わせる。

《正しい答え発表をしたとき》
　「まあ、いいだろう」
　「おっ、よくわかったな。
　　まぐれだな」
　「隣に聞いたのか」
《授業のいろいろな場面で》
　「やる気があるのか！」
　「こんなんでどうする」
　「この字きたないね」
　「サッカーばかりじゃなくて
　　勉強もしっかりやれ」

《学級全体に》
　「だからこのクラスは嫌いだ」
　「もう勝手にしなさい。勉強
　　しなくていい」
　「学年で最低のクラスだ」
　「去年の3年より……」

《誤答や答えられないとき》
　「なに聞いてたんだ」
　「こんなのもわからないのか」
　「ちゃんと考えてるのか」
　「やっぱりお前には無理だったな」
　「このままだと受からないぞ」
　「兄さん（姉さん）はできたのにな」
　「もう一度小学校（幼稚園）へ行っ
　　てこい」

1) 変化の初期を見取る

表情がさえない

髪型が違う

あれっ?!

妙に明るい

不つりあいな持ち物

子どもが年齢不相応な物を持つとか、遅くまで出歩くようになるとか、乱暴なことばづかいをするようになるなど、持ち物や友人関係、服装に変化があったときは要注意とよく言われるが、このような変化はかなり進んだ段階であると言ってよい。変化の初期は、針の穴ほど小さく見過ごしやすいもので、子ども自身も意識していないこともある。この微妙な変化をとらえる感性が教師には望まれる。

注目したい初期変化：非言語コミュニケーション

　人の心の状態は、顔や身体の表情やしぐさ、声、話す調子等に現れる。特に、言語表現をまだ十分に獲得していない段階の子どもにとってはなおさらである。
　悩みや苦しみ等を抱えていると、微妙な変化となって現れる。このような表情やしぐさ、話す調子などは非言語コミュニケーションと呼ばれ、ことば以上に人の心を伝える。
　豊かな感性をもった教師は、どこがどうと言えないけれど"いつもと違う"様子を、子どものちょっとした表情やしぐさに感じ取る。例えば、「表情にはりがない」「妙に明るい」「歩き方に元気がない」等である。うっかりすると見過ごしかねない微妙なものである。
　このような変化に気づいたら、「どうした。何かあったの？」と、すぐに声をかけることが重要である。教師の思い違いであっても、教師からのこのような声かけは、「先生は、自分のことを気にかけていてくれる」との思いを子どもに抱かせる。自分を見守っていてくれる人の存在は、教師が想像する以上に子どもにとっては大きいものである。
　また、教師の声かけにそのときは口ごもったり、「別に……」と答えたとしても、「そうか。ちょっと気になったから……。なにかあったらいつでも話を聞くよ」と一言加えるとよい。そのことばは子どもの心に残り、支えとなる。

2) 一人一人のベースライン：記録の仕方

個々の子どもの言動のベースライン

　子どもの変化を察知するには、その子がどのような子であるかの基本データ（ベースライン）が教師の頭にインプットされていることが前提である。ベースラインは、子どもを観察することから始まる。

観察のポイント：何に注目するか

　成績や委員会活動等、客観的資料で理解できるものではなく、友達とのかかわり、興味・関心、学級での立場等、その子の内面を理解する手掛かりとなるような事柄に注目する。

観察の仕方

　担任教師は、学級のほとんどの子どもを視野に入れ把握しているが、なかには意識して見ようとしないと教師の視野から外れてしまう子がいる。おとなしく目立たない子どもである。学業成績であれ、行動であれ目立つ子どもの情報は自然に集まるが、そうでない場合は教師はその子を知る努力が必要である。忙しい日常なので、意図的・計画的に情報を得るようにするとよい。

　①計画的に観察：1月1回は個々の子どもの記録をつける。それには1日一人ないし二人ずつを意識して観察する。
　②記録は短く　：観察したことを必ず記録する。記録を継続させるには、2～3行で短く書くことがコツである。
　③気になる子の記録
　　・何が気になるのかを明確にする
　　・気になる事柄が起きたときは、記録をする（日時、状況、対応等）記録が累積されると、気になる事柄が起きるときや状況に共通するもの、その特徴等が明確になることがあり、子どもの理解や指導の振り返りに役立つ。また、事例研究の際の資料となる。

3）子どもは日々変化する

今日のA君は、昨日のA君ではない

　子どもは日々成長し変化を遂げている。成長期の子どもは、身長・体重、第二次性徴といった目に見える身体の変化と同様に、心の変化や成長も著しい。

　それゆえ、一度作られたその子のイメージをいつまでも大事にしていると、それはいつしか思い込みとなり、子どもの変化を見誤り、対応できないことになる。「あれっ!?」と思うことがあったら、それは自分の理解とその子の現状がずれるところであり、子どもが変化した点かもしれない。

　声をかけ、雑談でもする中でどこが違うのかわかることもあろうし、しばらくその子の言動を丁寧に観察する必要があるかもしれない。

過去の成功体験から抜け出て柔軟に

　人はだれしも過去の成功体験から自分の行動パターンを形成する。

　教師も、うまくいった指導体験がその人の得意な指導の手だてとなる。特に過去に荒れた学級の指導や校内暴力に力量を発揮してきた場合、似たような状況のときには、かつてうまくいったやり方で解決をめざすことは常套手段である。

　しかし、それも次第に通用しなくなるときがくる。社会の変化を敏感に体現する子どもたちは、休むことなく変化し続けている。

　いつまでも、自分の成功体験にとらわれるのは、子どもの変化が見えない典型である。「去年まではこのやり方でよかったが、今年はなにか変だ」と感じたら、それは子どもが変化してきていることのあかしであり、それに合わせて、指導方法にも軌道修正が必要な時期がきたことの警告である。

1）保護者とよい関係をきずく

大事な日ごろの関係づくり

　保護者との信頼関係は、担任になったからといってすぐできるものではない。
　まずは、最初の出会いが重要である。学習指導への取り組みは言うまでもないが、"一人一人の子どもに目がゆき、保護者のことばにも耳を傾けようとしている教師である"との印象をもってもらえれば、関係を築くよいスタートが切れる。そして、その後の日ごろのきめ細かなかかわりが信頼感を築く「かぎ」となる。だれしもわが子を好意的に見てくれる先生には親近感を抱く。そしてそれが信頼へと育つ。
　個々の子どもの小さな努力や成長、担任としてうれしかったことなどを、その保護者に連絡帳や時には電話などで、1学期に1回は個別に伝える努力をしてみてはどうであろうか。そのためには、日ごろ一人一人の子どもをよく見る必要があるので、児童・生徒理解にもなり一石二鳥である。
　地道に培った信頼関係があれば、問題行動等の指導が必要になったときに、保護者の理解と協力が受けやすくなる。

問題行動などを保護者に伝えるとき

①子どもの問題を話すときは、具体的・客観的に。
　教師の感情や解釈をできるだけ加えずに伝える。
②保護者の気持ちを受けとめて。
　子どもの幸せを願い、どうにかしたいと思っている心情を理解する。
　保護者の話を十分に聴いて、気持ちを理解する。
③保護者と教師の子どもについての認識の違いを大切に。
　互いの認識の違いを認めるところから、解決の工夫が始まる。
④解決のために、共に考え努力する。
　今までの保護者の努力を否定せず、継続的な援助をする
⑤助言は、具体的に。保護者のできるところから。

①障害受容のプロセス

障害の受容のプロセス

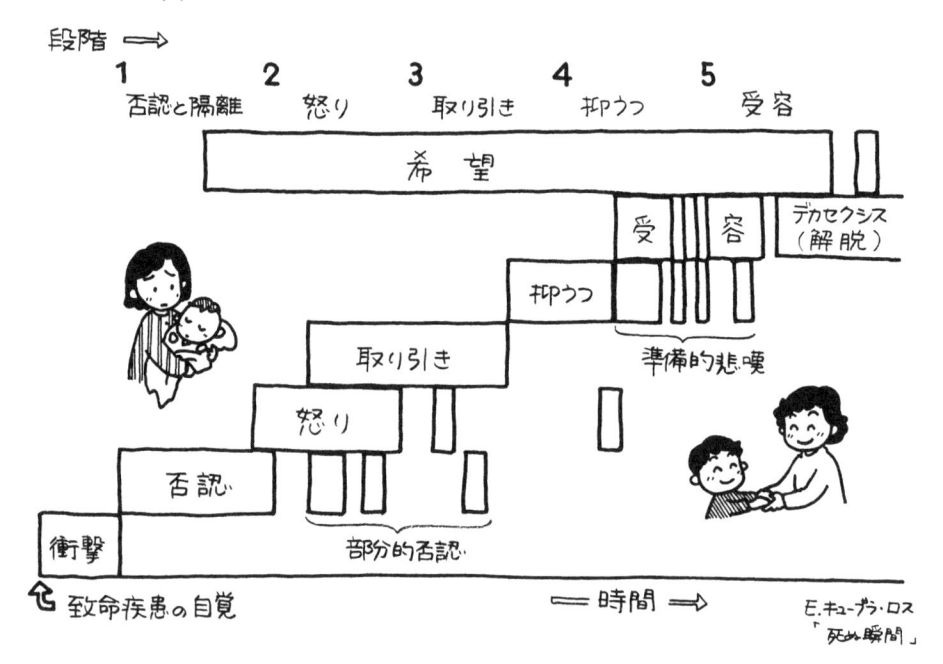

段階 ⇒
1 否認と隔離　2 怒り　3 取り引き　4 抑うつ　5 受容

希望

受容　デカセクシス（解脱）

抑うつ

取り引き　　準備的悲嘆

怒り

否認

衝撃

部分的否認

⇧ 致命疾患の自覚　　⇐ 時間 ⇒　　E.キューブラ・ロス「死ぬ瞬間」

　キューブラ・ロス（E. Kubler-Ross 1969）は、「死に至る病」を得た人の心の軌跡を研究し、最終的に自己の病を受け入れる心情に至るまでの段階を明らかにした。

　障害のある子をもった親が、子どもの障害を受入れ、子どもと共に歩むようになるまでの心の経緯をこの段階になぞらえることができる。

　子どもに障害があると初めて聞いたとき、ショックと同時に「そんなはずはない」と否定する段階。障害の事実を少しずつ認識し始め「なぜ、うちの子に！」と、怒りの感情がわく段階。そして、「私の命を縮めてもいいから、子どもの障害を……」と、神や仏等に願い、取り引きをしたくなる段階。さらに、期待する変化が認められない状況で、明るい先の見通しが立たず、落ち込みが激しい段階。これらを経て、子どもの障害を受け入れ、共に歩む段階へと進む。これらの段階が現れる順は前後

することもあり、時間的長さも個々によりさまざまである。

> 「養護学校の教員になって驚いたことは、お母さんたちの明るさと威勢の良さだ。PTA活動も、子どもたちの余暇活動を援助したり、教育委員会へ要望に行ったりと忙しい。学校には、ひっきりなしにお母さんたちが出入りしている。「大変ですね」と声をかけると、「自分も女学生になった気分で楽しくやらなくちゃ。息子の卒業は、私の卒業みたいで寂しいわ」と元気な返事が返ってくる。
> 　ある夏、わが家の下の子が気管支炎をこじらせて入院した。小児病棟で見た光景―生後六か月の子がてんかん発作を起こして入院してきた。両親は「一生、薬を飲み続けなければならないそうなんです」と目に涙を浮かべた。ダウン症の女の子のお母さんは、「何度も入退院を繰り返しているんです」とこぼす。生まれて数か月、チューブに命をつないだまま、自宅に帰ったことさえない子もいた。病棟の子どもたちは、私が担任をしている生徒の小さいころの姿でもある。だが、親たちの表情に、養護学校のお母さんたちの快活さを求めようとしても、切なくなるばかりだった。
> 　Y君の卒業式の直前に、とびっきり明るかったお母さんの意外な面を知った。偶然会った小学校時代の担任が言った。
> 「ああ見えても『この子を抱いて飛び降りようと何度も考えた』と言ってましたから」長い道のりがあったのだ。(略)
> 　　　　　　　　　　　"せんせいの胸の内"朝日新聞 1998.10.27

　障害を受け入れられるようになる道筋は一様ではない。比較的早く幼児期に受け入れられる場合もあれば、子どもが青年になっても受容できない場合もある。孤立無援の状態で、親だから養育の責任は当然といった雰囲気では落ち込むばかりで、子どものための努力をしようという気持ちすら生まれない。保護者が子どもの障害を受け入れ、前向きに努力できるようになるには、保護者への心身両面へのサポートが不可欠である。保護者が我が子の障害を受け入れているのか、まだそこには至っていないか、個人面談等で話すなかで理解するとともに、「がんばってきたんですね」とこれまでの保護者の努力を認めることから始める。

②保護者の願い

みんなと同じに……

　通常の学級に子どもを通わせることは、健常児の保護者には、改めて考えることもない当たり前のことであろう。しかし、障害のある子の保護者にとっては、小学校入学は大きな決意を伴う選択が必要とされる。個々の子どもにあった教育を考えはするものの、「同年齢の子と同じに……」という思いや願いは障害の軽重にかかわりなく、強い。就学相談を意図的に受けず、また、特別支援学級等への勧めを断って、通常学級へ入級した障害のある子の保護者の心は、不安でいっぱいである。"我が子が果して通常学級でやってゆけるだろうか" "友達ができるだろうか" "いじめにあったりしないだろうか" 等々、尽きることはないであろう。

先生、子どもを受け入れて！

　学校に通いだしたあとに生まれる大きな不安の一つが、"いつ特別支援学校などへの転校の話が出るか"である。
　学校や担任教師に子どもが受け入れられている、という実感のないうちはなおさらである。保護者会に出席しなかったり、出席しても終わるとそそくさと帰ってしまったりするのは、教師から声をかけられるのを恐れるからである。このような状況では、学校と家庭の協力など望むべくもない。
　保護者と子どもの指導について連携がとれるようになるには、障害のある子を学級の一員として、教師が心から受け入れることから始まる。障害の程度が重く、いつかは転校を促さねばならない場合であっても、学級の一員としての今を受け止め、さまざまな条件や制約の中で、担任として"できうること"をする姿勢が、保護者の心を開かせる。
　子どもにとって今何が大切か、そのために学校ができること／できないことは何か、具体的な指導の目標や指導内容・方法をどうするか、家庭でできることは…等々を、保護者と話し合い、決定していく。
　さらに、学期ごとに子どもの変化と学校・家庭でのかかわりの成果を一緒に評価し、目標や課題の見直しをするとよい。学校と一緒に子どもの教育に参加する過程は、保護者を支えると同時に子どもを客観的に見る目を育てる。
　この間、教師は地域にある特別支援学級や学校等の障害児教育の現場を訪ね、どのような教育がなされているかを知っておく必要がある。子どものもてる力を伸ばせる教育環境として、通級による指導や転校の話をする時期が来たときに、子どもが行く先の指導や教育内容、子どもへのメリットやデメリットを担任が把握できていなければ、保護者もその気にはなれないだろう。

第7部 事例研究

事例研究とは何か

困っている子のことを話す

異なる意見を聞く

具体的対応についての示唆を得る

事例研究とは何か？

　対応に苦慮している子どものこと（事例とかケースという）について、個人で、または学校の同僚や教育相談に興味・関心をもつ仲間たちと検討することを指す。
　それは、その子はどういう子なのか、なぜ問題となる行動を示すのか等の「子ども理解」に基づいて、今後どのような対応や指導をしたら問題行動が治まるのか、また保護者への対応が必要か否か、必要ならばどのようにしたらよいか等々の「今後の対応」を考える会議である。

なぜ事例研究をするのか？

　事例研究の意義は大きく二つある。
　それは、⑴当該事例を理解して今後の具体的対応についての示唆を得ること。さらに、事例研究に参加した他の教師の意見を聞くことによって、自分と違う多様な子ども観・教育観を知ることで⑵教師の資質の向上が得られることである。
　二つの意義は、それぞれにさらに二つに分けられる。
⑴事例の理解と具体的対応では、
　　①事例理解：対象となる子どもをさまざまな角度からとらえて理解すること。
　　②教師相互の連携を深める：事例研究を通して対象児童理解を深め、指導の連携に生かすこと。
⑵教師の資質の向上では、
　　①教師自身の自己理解：各教師が自分の子どもの見方や接し方の特徴を知り、理解や指導をより明確にすること。
　　②子ども理解や指導の幅を広げる：理解や指導についての多様な考え方・方法を知り、今後の実践に取り入れること。

事前準備：事例レポートの書き方

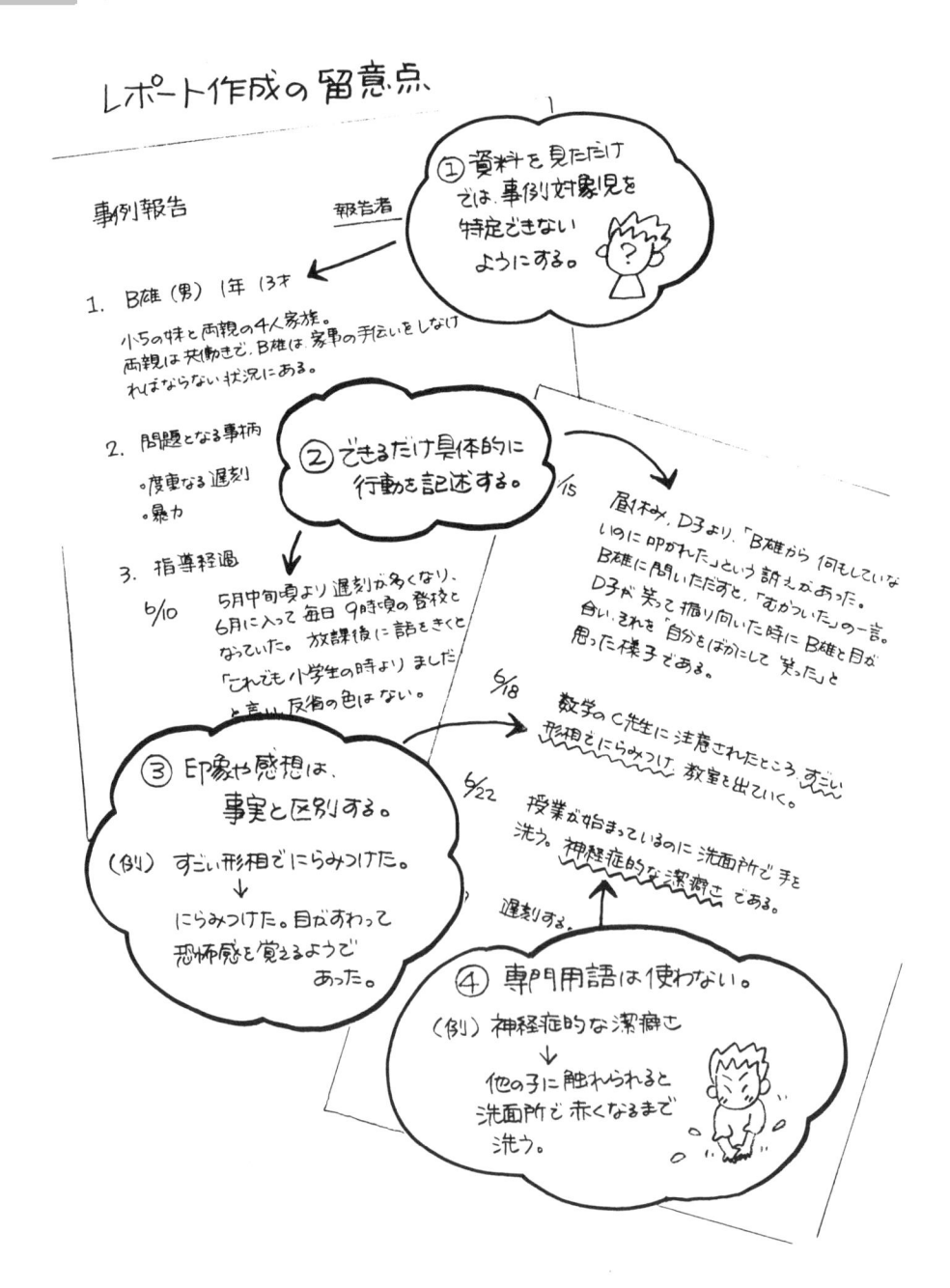

レポート作成の留意点

事例報告　　　　　報告者

1. B雄（男）1年 13才

    小5の妹と両親の4人家族。両親は共働きで、B雄は家事の手伝いをしなければならない状況にある。

2. 問題となる事柄
    - 度重なる遅刻
    - 暴力

3. 指導経過

    5/10　5月中旬頃より遅刻が多くなり、6月に入って毎日9時頃の登校となっていた。放課後に話をきくと「これでも小学生の時よりましだ」と言い、反省の色はない。

    6/15　昼休み、D子より、「B雄から何もしていないのに叩かれた」という訴えがあった。B雄に聞いただすと、「むかついた」の一言。D子が笑って振り向いた時にB雄と目が合い、それを「自分をばかにして笑った」と思った様子である。

    6/18　数学のC先生に注意されたところ、すごい形相とにらみつけ、教室を出ていく。

    6/22　授業が始まっているのに洗面所で手を洗う。神経症的な潔癖さである。遅刻する。

> ① 資料を見ただけでは、事例対象児を特定できないようにする。

> ② できるだけ具体的に行動を記述する。

> ③ 印象や感想は、事実と区別する。
> （例）すごい形相でにらみつけた。
>   ↓
>   にらみつけた。目がすわって恐怖感を覚えるようであった。

> ④ 専門用語は使わない。
> （例）神経症的な潔癖さ
>   ↓
>   他の子に触れられると洗面所で赤くなるまで洗う。

事例研究会を開く前に

　事例研究会は、事例提供者、司会者、参加者で構成される。事例研究会を開くまでの準備で最も重要なことは、検討事例を出す事例提供者を決めることであり、事例のレポートを作成することである。

事例レポートの内容

　① 対象となる子どものプロフィール
　　学年または年齢、性別、家庭での様子など。名前はイニシャル等を記さずにA子・B男等として、個人が特定されないようにする。また、家庭の事柄は本人の問題と直接関係があるものに限定し、必要に応じて記述ではなく口頭で伝えることとする。
　② 対応に苦慮していること
　　対象となる子どもの教育上の問題となる事柄についてまとめておく。箇条書きでも文章でもよい。
　③ 今までの指導の経過
　　上記の問題となる事柄の発生とそのときの対応や指導について、発生順に時系列でまとめる。本人や友達、保護者等の重要な発言はそのまま記述する。また、教員が把握した事柄と感じたこととはできるかぎり区別して書く。
　④ 検討してほしいこと
　　事例研究会で特に検討してもらいたい事柄。事例提供者として苦慮しており、今後の指導のために是非考えてほしい点を書く。
以上の内容をA4版2～3枚程度にまとめる。

●事例レポートのポイント●
　①資料を見ただけでは、事例対象児を特定できないようにする。
　②できるだけ具体的に行動を記述する。
　③印象や感想は、事実と区別する。
　④専門用語は使わない。

1）事例研究会当日の進め方

事例提供者
☆ 事実と推論・印象・感想は区別して話す。
☆ 時間を守る。
☆ 参加者の意見を受け入れる。

参加者
☆ 事例提供者の心を汲み取る。

- 〜ということがありました。
- 〜だからだと思うのですが…
- そうね。〜よね。わかるわ。
- 以前の私の経験からお話しすると…

☆ 自分の経験は役立たない限り発言しない。

- 私は〜だと思います。
- ところでひとつ質問ですが…
- 〜すべきだと思うよ。

☆ 質問か意見かはっきり区別する。

☆ べき論・推論・一般論は述べない。

司会者
☆ 発言を強要しない。
☆ 必要に応じ、発言内容を明確にする。
☆ 発言者が偏らないよう配慮する。
☆ 検討希望事項が討議されるよう配慮する。

- 今日、検討したいことは…

☆ 事例の秘密保持には、十分気をつける。

時間の設定と配分
　校内での事例研究会では、1事例に最低1時間はかけたい。
　時間配分は、事例提供者が行う事例の報告に全体時間の1/4、質問と協議に3/4弱、まとめに5～10分くらいをとる。質問は、参加者が事例を理解する上で、必要な情報やより詳しい内容について聞くものである。

参加上の留意事項
〈事例提供者〉：①事実と推論・印象・感想は区別して話す。
　　　　　　　②時間を守る。
　　　　　　　③参加者の意見を受け入れる。（意見を受け入れることと実際に自分がやれることとは異なる）
〈参　加　者〉：①事例提供者の気持ちをくみ取った発言をする。
　　　　　　　②質問か意見かはっきり区別する。
　　　　　　　③べき論・一般論・推論は述べない。事例に即して考える。
　　　　　　　④自分の経験で似た事例があっても、検討事例に役立たない限り話題にしない。
　　　　　　　⑤話すときは、簡潔に要領よく述べる。
〈司　会　者〉：①指名する等、発言を強要しない。
　　　　　　　②必要に応じて発言内容を明確にする。
　　　　　　　③発言者が偏らないよう配慮する。
　　　　　　　④検討希望事項が討議されるように配慮する。

事例の秘密保持
　事例の秘密保持には十分気をつける。事例研究会での話は他の場所ではしないことはもちろん、会の修了後に事例レポートを集め、事例提供者に戻したり、シュレッダーにかけて廃棄するのが一般的である。
　事例研究は事例の子どもをさまざまな角度からとらえて理解し、今後の対応に生かすものであるから、異なった見方や考えが示され、事例提供者が納得できる意見や、実践できる提案を選び、対応に役立てられたら、事例研究の目的は達成される。

2）事例研究で教師の陥りやすいこと

学級は担任の力量次第だと思う

唯ひとつの正しい方法（答）を求める

相手の足りない点を指摘しがちになる

理想論やべき論が先に立つ

　事例研究を行おうとするときに、教師が陥りやすい点がいくつかある。

1　学級のことはすべて教師の力量にかかっていると思う

「学級のことは良いことも悪いこともすべて担任次第であり、担任の力量のなさが問題行動を生む」との認識をもつ教師が少なくない。これが"学級王国"と言われるような担任学級や自分の指導について他から言われたくないという閉鎖的な心情を生む。子どもも保護者も多様化する中で、担任一人で対処できることは限られているにもかかわらず、このような思いが、事例を提供することに二の足を踏ませる。

2　唯一の正答を求める

学習指導では、さまざまな考え方を奨励するようになってきているが、まだ教師が効率的な方法を示し、子どもはその例示に従うという傾向が強い。これは、事例研究でも正しい唯一の方法を求め、いろいろなやり方を受け入れられない傾向に結びつく。事例へのアプローチの仕方は一つではないこと、いろいろな方法があることを認識する必要がある。

3　相手の足りない点を指摘する

教師の仕事柄、子どものどこを伸ばしたらよいかの判断は重要である。得意な面を伸ばすやり方と不得意な点を強化する方法が考えられる。最近はよい面を伸ばす方が効果があると言われているが、子どもの学習上のつまずきを見つけ、指導し、理解できたときの子どもの笑顔を見ることは教師の醍醐味でもある。それゆえ、事例研究でも保護者や事例提供者の子どもへのかかわりの足らざる点に目がゆき、批判的になる傾向がある。適切と思われるかかわりができない背景や当事者の心情を考え、かかわりを深める提言という形で発言できるとよいであろう。

4　理想論やべき論が先に立つ

やる気があり熱心な教師ほど"したいこと"と"できること"の境がなくなり、子どもにも自分にも最善を要求する。事例研究でも、保護者や担任教師の足りないところを指摘し、"○○すべきだ"との発言が多い。しかし、"したらよい"ことが"できる"とは限らない。当事者である保護者や担任のさまざまな状況を考えた上で、何ができそうか、また、自分がどのような援助ができるかを考えることが求められる。

事例を考えるポイント

事例を考えるポイント

1. 事例対象の子どもは何を求めているのか／何が足りないのか

　子どもの問題行動は「このままでは自分はすんなり成長していけない！　やり残したことがある！　自分だけでは解決できない！　助けて！」との"心の叫び"であると受けとめ、子どもが何を求めているのか、その子が自立するために不足していることは何なのか、子どもの"心の声"をしっかり理解することである。

2. 人間関係の歪みはどこにあるのか

　子どもが問題行動として表出するストレスの元となる人間関係の歪みをとらえる。なぜ友人とトラブルを起こすのか。その原因は何かなど、その子の問題行動の根元にある人間関係の歪みがどこにあるのかを探ることが、解決への一歩となる。

3. 悪者探しをしない

　事例の子ども理解を深めてゆくと、往々にして子どもの問題行動の原因の元にあるのはだれかなどと、悪者探しとなることがある。基本的に子どもを悪くしようと子育てをしている親はいない。「しつけ」がエスカレートして、また、親自身のストレスのはけ口として児童虐待をしている場合に、「悪いのは親」と責めても事態は解決しない。子どもが置かれている状況を冷静に理解していかなければならない。

4. 何をしたらよいか／家庭・学校のできることから

　子どもの訴えを理解したら、家庭や学校で何ができるかを具体的に考えることが必要である。その際、心しなければならないことは、家庭や担任・学校の状況を無視した理想論やべき論を極力排することである。実際に子どもにかかわる親や担任教師のできるところから一歩ずつ、が鉄則であり、早道なのである。

解決に向けての指導

1 指導の対象

　学校が教育という立場から指導やかかわりの対象とする人々は、問題行動という形で訴えている子どもと、その子どもの保護者だけではない。問題行動に直接関与する子ども、学級の他の子どもたちやその保護者等、視野に入れなければならない人々は多い。

　例えば、不登校の場合、学級の他の子どもたちへの指導は、不登校の子への援助や再登校の際の受け入れ体制作りに重要なポイントとなる。また、問題を示す子どもへの担任としての指導方針や方法について学級の保護者に説明し、理解と協力を得る必要が生じる場合もある。

2 指導について

　指導は、問題行動への対応としての短期的かかわりと、子どもや家庭・学校の在り方に関係する長期的かかわりがある。

　① 短期的かかわり

　問題行動への当面のかかわりとして緊急を要する対応である。

　例えば、いじめの訴えがあった場合、その子どもや保護者からの訴えを丁寧に聞くこと。さらに、関係すると思われる子どもたちから話を聞くこと。その上で担任・学校としての対応策を考え、実行すること。

　これらは、緊急を要することであり訴えがあってから3日以内になされることが必要であろう。さらに、学校の対応について、途中経過も含めた保護者への緊密な連絡は、子どもや保護者の不安や怒りを和らげ、学校の指導への信頼を得るためにも不可欠である。

　② 長期的かかわり

　問題の根本的な解消や予防のために必要な対応である。思いやりの心や温かい友人関係の育成、いじめをなくす学級や学校作り等々である。

事例研究のための模擬事例

　次の事例を読んで、事例の子どもはどういう子なのか、問題行動を通して何を訴えているのか(問題行動の意味)、担任・学校(園)としてどのようなかかわりをしていったらよいか等について、考えてみよう。

```
┌─ 事例の子はどういう子か（事例理解①）──────────────┐
│                                                        │
│                                                        │
│                                                        │
│                                                        │
│                                                        │
└────────────────────────────────────────┘
```

```
┌─ 問題行動の意味（事例理解②）────────────────────┐
│                                                        │
│                                                        │
│                                                        │
│                                                        │
└────────────────────────────────────────┘
```

```
┌─ 今後のかかわりは ──────────────────────────┐
│  担任として／学校（園）として                          │
│                                                        │
│                                                        │
│                                                        │
│                                                        │
│                                                        │
└────────────────────────────────────────┘
```

事例：幼稚園

事例1－幼稚園
1　A子（女子）　年長
2　登園したがらない。甘えが激しい。
3　家族　A子、父、母、弟の4人家族
4　問題の経過

　正月休み明けの1月半ばくらいから、登園バスに乗らず母親が送ってくるようになり、次第に遅刻がちになる。2月上旬に欠席した翌日、A子を送ってきた母親に「なにかあったの？　A子ちゃんもお母さんも元気ないみたいだけど……」と声をかけると、ぽろぽろ泣きだした。主任が保健室で話を聞くと、A子が幼稚園に行きたがらず、毎朝大騒ぎをしていることが訴えられた。

　幼稚園が大好きで、登園バスの集合場までいつも一番早く行っていたのに、バスの時間に間に合わず、母親が車で送ってくるようになったこと。明るくにぎやかだったA子が、最近ではいつもイライラしている様子で、去年の11月の上旬に生まれた弟が泣いたりすると「うるさい！」と大声を出したり、叩こうとしたりするので困っていること。弟の誕生を楽しみにしていて、初めて病院で弟を見たときは「かわいい！　私がお姉ちゃんよ」と話しかけていたのに、と母親はA子の変化にとまどっていること。弟が生まれたので手伝いに来てくれていたおばあちゃんが、年末に帰ってしまい、母親は育児と家事で目いっぱいなこと。弟が眠ったときが唯一ゆっくりできるのに、そんなときにA子が「抱っこ」とか「遊んで」と言ってくると、「ママは疲れてるんだから、あっち行って一人で遊びなさい！」とついつい言ってしまうこと。先日はA子があんまりしつこいので、思わず叩いてしまったこと。夫は帰りが遅いのと、A子のことを話したら「子育てもできないだめな母親」と思われそうで、相談できないでいることなどが、涙ながらに話された。

事例：小学校

事例2－小学校低学年
1　B男（男子）　2年生
2　整理整頓ができない。教師との意思疎通が困難。
3　家族　B男、父、母、妹の4人家族
4　問題の経過

　学習面での理解力は優れているが、授業中手を挙げて発言することはほとんどない。指名されると、やっと聞こえるような小さな声で答えることがある。音楽の歌の時間には口を動かしてはいるが、声はほとんど出ていない。絵画は画用紙の隅にちょこちょこと描き、線は弱い。

　体育着や給食着の着脱ではいつも時間がかかり、友達に手伝ってもらったり励まされたりしながらやっている。机の中はプリントや教科書等がぐしゃぐしゃに詰め込まれている。保護者あてのお知らせも持って帰らないことが多く、母親が、同級生の家に電話をして聞くこともある。

　気の合う友達が二人いて、休み時間は外で遊ぶことは少なく、友達と室内で過ごすことが多い。

　以前に、上履きを履いていないことがあり、担任が「どうしたの？」と聞いても「うーん。」と言うばかりで、はっきりしなかった。ふだんも、担任からの問い掛けにことばでは応えず「こうかな？　ああかな？」との問い掛けに辛うじてうなずくことが多い。特に「B君はどう思う？」等、自分の気持ちを聞かれたときに答えられない。

　母親は学校での様子を話しても特に気にはせず、「まだ2年生ですから」と言う。身の回りのことを含めて母親がほとんど手を出して、2歳の妹同様のかかわりをしている様子である。学習に母親は熱心で、毎日B男の宿題をみており、宿題が終わってから翌日の時間割をそろえることが日課であると言っている。「B男は教えるとわかるので、一緒に宿題をやるのが楽しい」とも言っている。

事例：小学校

事例3－小学校高学年
1　C子（女子）　5年生
2　不登校。
3　家族　C子　父、母の3人家族
4　問題の経過

　小学校5年生のC子は活発で、明るい子である。クラス替えがあったが、仲良しの友達もできて、1学期は特に問題もなく過ごしていた。
　2学期の始業式の翌日に「体調が悪い」との連絡があって欠席。1週間欠席が続いた。担任が家庭に連絡をとると、母親の話では「体調は戻っているんですけど、ぐずぐず言って行きたがらない」とのことだった。C子は電話に出なかった。母親と担任が話して、翌日、仲良しグループで家の近いB子を誘いに寄らせた。しかし、C子はB子に会おうとしなかった。翌日の昼に母親から「B子が誘いに寄るようになってから、C子が不安な様子で、朝、自分の部屋から出てこなくなったので、やめてほしい」との連絡が入った。「お友達がせっかく寄ってくれるのに、顔も見せないで！」と母親が叱ったら「B子なんて友達じゃない！」と叫んでワーワー泣きだしたとのことだった。
　一学期に、C子の筆箱が傷つけられたことがあった。大好きな祖母がくれたという、人気キャラクターのものだった。C子は一人っ子でいつも目新しいものを持っていた。しかし、それを自慢したりするということはなかった。
　母親にC子が話したところによると、C子とB子の仲良しグループ5人の中で、6月後半からB子を除く4人が順番にいじめにあっていたという。B子が「今日はAちゃんと口きいちゃだめ」等々と指示を出して長いときには1週間くらい無視が続いた。C子は夏休み直前にいじめられ、夏の間中不安な思いで過ごしていたと語った。

事例：中学校

事例4－中学校
1　D男（男子）　1年
2　遅刻が多い。乱暴。
3　家族　D男、父、母の3人家族
4　問題の経過

　入学後の4、5月は特別の問題はなかったが、6月中ごろから遅刻が多くなった。7月に入ってからは毎日のように遅れ、9時ごろに授業が始まっている教室に入ってくるような状態となった。本人に話をすると「これでも、小学校のときよりはいいんだよ！」と言い、遅刻に対していけないことだという認識はない様子である。
　学校では特定の授業で「先生がムカツク」と、授業中に教室から出ていったしまったり、相手が何もしていないのに叩くなど、一部の生徒に対して手を出すことがたびたびある。注意されると簡単に謝るが、行動は改善されない。同級生のF男とは気が合うようで、一緒に遊んだり、注意されると聞くなど、F男には一目置いている。また、体育のC先生が好きで、授業中ふざけたことで注意を受けて、先生に追いかけられ、うれしそうに校庭を逃げ回るD男の姿が目撃されている。
　また、通学路にあたる住宅の塀にけりを入れて穴をあけ、苦情が寄せられたことがある。このときには、父親がすぐに謝りに行っている。
　家庭は、両親は共働きで夜8時くらいにならないと連絡がとれない。母親もD男が登校する前に出勤するという。D男は、母親が出勤するまでには起き、朝食もとっているので、家を出るのが遅くなるようである。D男の遅刻について、父親は「すみません」と言うが、改善されない。暴力については「男は多少の暴力は……」との考えをもっており意に介していない様子である。D男は父親のことを「こわい」と言っており、父親と一緒の三者面談のときはいつもと違い神妙な様子であった。

事例：中学校

事例5—中学校
1　E子（女子）　　2年
2　友達とのトラブルによる不登校。
3　家族　E子、父、母、妹、弟の5人家族
　　E子はおとなしく、穏やかな印象の子である。
4　問題の経過

　中学1年のとき、E子が「嘘をついた」ということで仲のよい友達とトラブルになり、2・3日欠席することが何回かあった。2年の進級時に、保護者からの要望もありトラブルのあった子たちとは別の学級となる。中学2年5月末、「悪口を言った」「言わない」のトラブルのあと、不登校が始まる。
　6月4日、欠席3日目。電話をした担任に、母親が「E子は友達からいじめられており、学校に行きたくないと言っている」と言う。さらに「今回のことは、中学1年のときの指導が徹底していなかったから」と前担任を激しく攻撃し、「教育委員会に訴える」等の発言がある。家では「弟や妹の面倒もみるし、仕事をしている母親を助けて家事の手伝いをよくする子で、家庭では何の問題もない」と言う。担任が名指しのあった3名から話を聞くと、E子は「B子がA子の悪口を言っていた」と、B子のいないところで言い、そのことがB子にばれると「言わない」と言い張る、友達の仲を割くようなことを言う、とのことであった。
　6月5日、担任が家庭訪問し、友達とのトラブルについてE子と話をする。「3人は私の言うことをきちんと聞いてくれない」と訴える。
　夜、担任の自宅に母親から電話があり、「自分の意見をはっきり言うと友達にいじめられる」と強い口調で友人たちを非難する。
　6月6日、前担任から「親しくなるとトラブルが起きる。自分の思うようにしたい気持ちが強いのでは」という話があった。

校内連携で早期解決

職員室で

保健室で

　事例研究会後の指導経過については、定期的に学年会等で報告することが望ましい。報告することによって、教師間の共通理解が深まり、またそのあとのサポートも受け易くなる。
　また、日ごろ、子どもの話を気軽にしたり、指導に迷ったときにちょっと話を聞いてもらえる同僚がいると、精神的に余裕をもって対応できる。それには、日ごろから子どもの話を気軽にできるような教員間の雰囲気が欠かせない。しかし、そのような雰囲気がないところでは、まず話しやすい同僚を見つけ自分から学級のことを話すようにすること。そしてその同僚と一緒に子どもの話ができる雰囲気を創りだすことである。

校内の連携：養護教諭の存在

　心のケアを必要とする子どもは、よく保健室に出入りする。ちょっとした擦り傷でも、塗り薬やバンドエイドを貼ってもらいたがる。
　それは、手当てという体温の伝わるあたたかい身体接触や、それを通して先生が自分のことだけにかかわってくれるという実感を求めているからである。
　このようなことを繰り返すうちに、問題の軽い子どもは満たされてしだいに保健室から遠ざかり、元気に毎日をすごすようになる。心に重荷を抱えている子は、しだいに心を開いて"友達のこと""家庭のこと"などを話すようになる。
　多くの子どもたちにとって保健室と養護教諭の先生は、学習の評価をされない、やすらぎをもたらしてくれる場所であり、存在なのである。養護教諭は身体のケアを通して子どもの心の状態をキャッチできる立場にある。保健室の情報が日常的に校内で共有できると、問題の早期発見や早期対応に有効である。気になる子どもについての学級担任からの問い合わせや、養護教諭からの情報が交換できるようなシステムを創ると、情報提供・指導・相談の連携がスムーズにできる。
　例えば、「掃除の時間に来室したけど、他の子がいたので中に入らなかったA子の表情が気になる」等、養護教諭から学級担任に伝えられれば、担任はその子の様子を観察でき、必要に応じて声を掛けることもできるのである。
　教師どうしが会って情報を伝えられない場合を考え、連絡カードのようなものを工夫し、全教師が利用すれば、教師間の連携がさらに密になるであろう。
　また、個々の子どもの状況等、必要に応じて専門機関と連携をとり、対応することが望ましい。（付録「相談に関する主な諸機関」参照）

第8部　人間関係を育てるかかわり

エンカウンターとは

ブラインド・ウォーク

心理的成長
と
対人関係の改善

エンカウンター（Encounter Gr.）とは

　1960年代後半にアメリカで起きた人間性回復運動と呼ばれる運動全体を示し、日本では1970年代から活動が始まった。日本での活動は、精神

疾患や神経症の心理治療を目的とするものではなく、精神的には比較的健康な人の心理的成長と対人関係の改善に焦点をおくグループ体験の一つとして位置づけられ、「心とこころのふれあい。ホンネとホンネの交流」（國分康孝）と言われる。

グループエンカウンターには、非構成的エンカウンターと構成的エンカウンターがあり、学校で子どもたちを対象に行う活動としてはファシリテーターと言われるリーダーが課題を設定し、エクササイズをリードする構成的エンカウンターが適切であろう。

子どもを育てる教育相談の開発的機能の技法の一つとして、子どもたちの自己受容や人間関係のきずき等に、学級や学年単位でエクササイズを行うところが増加している。

構成的エンカウンターの長所として主に次の点が挙げられる。
①短期間で子どもたちの人間関係を高められる。
②参加メンバーやねらいに応じたエクササイズを構成できる。
③プログラムを定型化すれば、熟練者でなくても展開できる。

学校でグループエンカウンターを行う意味

今の子どもたちが抱える課題として、耐性の乏しさ、突出した攻撃性、規範意識の低下、表現力の低下、失敗回避傾向、希薄な人間関係等々が言われている。なかでも、人間関係処理能力と言われる"人と適切にかかわる力"が身についていないことが人とのかかわりを希薄なものとし、対人関係でのトラブルの大きな要因の一つになっている。

友達は欲しいが、自分も相手も傷つくことを恐れ、なかなか本音でかかわれず、いつも気をつかっているので友達といると疲れてしまう子どもたちが少なくない。

グループエンカウンターでは、エクササイズを通して本音を語り、自分や他者を理解し、受け入れる経験ができる。この体験が、子どもたちの自己肯定感や人間関係をはぐくむのである。

1）学級で実施するとき

グループエンカウンターのエクササイズ実施の流れ

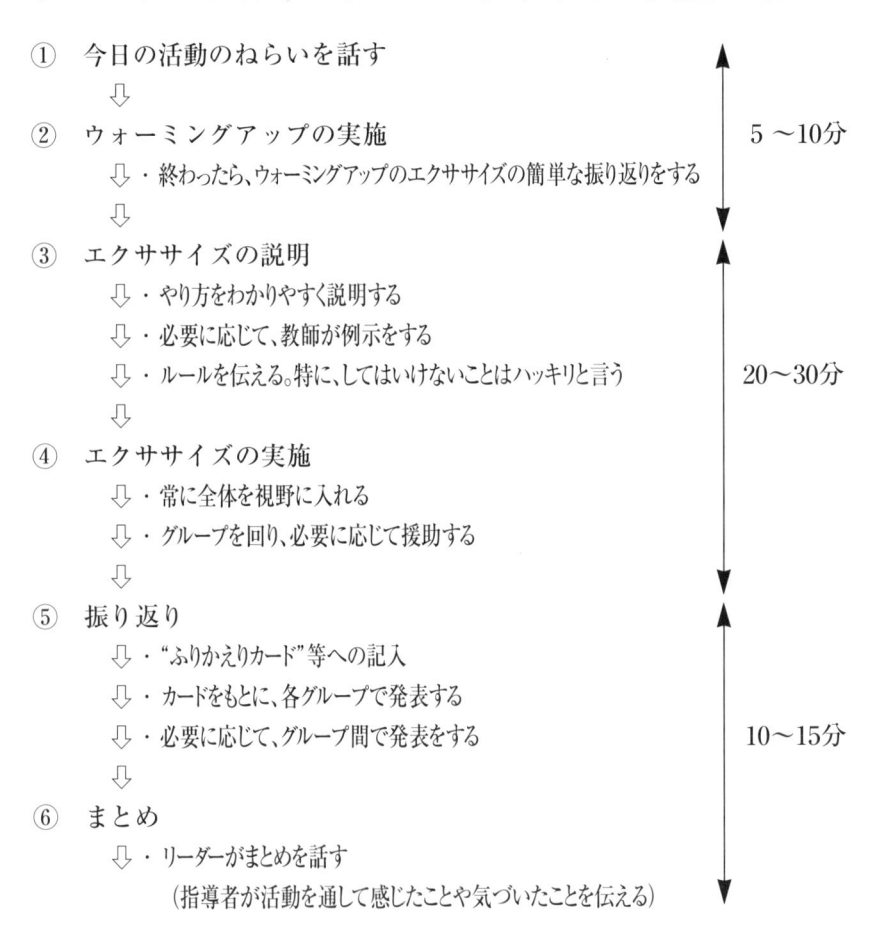

① 今日の活動のねらいを話す
　　⇩
② ウォーミングアップの実施　　　　　　　　　　　　　　　　　5～10分
　　⇩・終わったら、ウォーミングアップのエクササイズの簡単な振り返りをする
　　⇩
③ エクササイズの説明
　　⇩・やり方をわかりやすく説明する
　　⇩・必要に応じて、教師が例示をする
　　⇩・ルールを伝える。特に、してはいけないことはハッキリと言う　　20～30分
　　⇩
④ エクササイズの実施
　　⇩・常に全体を視野に入れる
　　⇩・グループを回り、必要に応じて援助する
　　⇩
⑤ 振り返り
　　⇩・"ふりかえりカード"等への記入
　　⇩・カードをもとに、各グループで発表する
　　⇩・必要に応じて、グループ間で発表をする　　　　　　　　　　　10～15分
　　⇩
⑥ まとめ
　　⇩・リーダーがまとめを話す
　　　　（指導者が活動を通して感じたことや気づいたことを伝える）

学級でグループエンカウンターを実施する場合、1エクササイズの選択と構成、2進め方、3実施の各段階で以下のことに留意する。

1エクササイズの選択と構成
　①エンカウンター実施の目的を明確にする。なんのために行うか、そのねらいをはっきりすること。
　②その目的に合った適切なエクササイズを選択する。このときには、実施の時期や参加する子どもたちの年齢・学年等の発達段階、エンカウンターの経験の有無等を考慮する。
　③エクササイズの構成は、ゲーム性の強いものから次第に内面の自己開示に至るものへと組み立てる。
　④リーダーとなる実施者（担当する教師）のエンカウンターの経験を踏まえる。初めのころはマニュアルの指示どおりに行い、次第に学級の子どもたちに合うように変えていくとよい。

2進め方
　①今日の活動のねらいを説明する。
　②エクササイズの内容とルールを各エクササイズごとに説明する。
　③エクササイズの実施
　④活動の振り返り　　a：自分が感じたことを考えたり、"ふりかえりカード"等に記入する。
　　　　　　　　　　　b：自分が感じたことをグループで発表する。

3実施の際の留意点
　①参加したくない者には、無理に参加を強制しない。
　②一人一人を観察し、必要に応じて声を掛けるなどの援助をする。
　③振り返りを必ず行う。（自分の感情の変化や気づいたことを、グループで発表することで、感情を共有し人間関係を深めることができる）

2）学年初めのエクササイズ例

ふりかえりカード（例）　　　　　活動のねらいによって内容を変える

実施日　　月　　日　　名前（　　　　　　　　）	
ねらい　「　　　　　　　　　　　　　　　　　」	
今日の活動をしているときに、あなたが感じたことを書きましょう

「自分について感じたり、心で思ったこと」

「友達のことで感じたり、気づいたこと」

「活動について感じたこと」

 | |

「自己理解」「他者理解」「自己受容」「自己主張」「感受性」「信頼体験」等々の、ねらいと適切な実施の時期をもったさまざまなエクササイズが考案されている。ここでは、最も基本的なエクササイズを紹介する

「ジャンケン列車」　（他者理解）30分

（ねらい）　　学年の初めに、集団遊びを通じ学級や友達へのよい印象をもつ。
（準備する物）テープレコーダー、音楽テープ
（ルール）　　ジャンケンをして、負けた人が勝った人の後ろにつながる。
（活動内容）　楽しい音楽に合わせて自由に歩く。音楽が止まったときに出会った人とジャンケンをする。負けた人が勝った人の後ろにつき肩に手をおく。これを音楽が止まるたびに繰り返し、最後は1本の長い列車となる。大きな輪になって前の人の肩を叩く。
　　　　　　　二度目は、「こんにちは、私は○○です」と自己紹介をして握手をしてからジャンケンをする。
（振り返り）　学級全体で、自分の気持ちを発表し合う。

「握手でこんにちは」　（他者理解）20分

（ねらい）　　学年の初めに、友達づくりを促進するためのもの。
（準備する物）名刺カード（自分の名前や好きなことを書いたもの）
（ルール）　　相手の顔をみて握手をする。
（活動内容）　自由に歩き、出会った人と握手をし「こんにちは、私は○○です。私は○○することが好きです。どうぞよろしく」等の簡単な自己紹介をして、名刺カードを交換し合う。
（振り返り）　学級全体で、友達について気づいたことや自分の気持ちを発表し合う。

3）関係を深めるエクササイズ例

「ブラインドウォーク」　（信頼体験）30分

- （ねらい）　他者の立場に立ったやさしさやいたわりの気持ちを養う。相手との信頼関係を養う。
- （準備する物）アイマスク／実施する場所は危険のないようにしておく。
- （ルール）　話をしない。相手のことを考えて行動する。相手を信頼する。
- （活動内容）　二人一組になる。アイマスクを掛ける人、誘導する人の順を決める。教室の中を二人で歩く。話をしない。無理に引っ張ったりしない。慣れてきたら、教室の外に出る。初めのうちは階段等は避ける。5、6分程度で、役割を交代する。
- （振り返り）　二人で、感じたことを話し合う。
  全体で、アイマスクをしていたときの気持ちについて発表する。
  誘導していたときの気持ちや気づきについて発表する。

「ブレインストーミング」　（自己理解）20分

- （ねらい）　自分の思いや考えを自由に発言できる雰囲気づくり。
- （準備する物）人数分のメモ用紙と筆記用具
- （ルール）　出されたテーマについて、3分間に思いついたことをできるだけたくさん紙に書く。
  友達の考えを否定するような発言をしない。
- （活動内容）　4～6人のグループを作る。教師がテーマを言い、それについて3分間の各自が思いついたことをメモ用紙に書く。（テーマは善し悪しがはっきりしないものがよい。例えば「いすは座るほかに、どんな使い方がありますか」等）時間が来たら、各グループで発表し合う。全体に対してグループごとに発表する。

(振り返り)　全体で、「ブレインストーミング」をして感じたことを発表する。友達のアイディアを聞いて、気づいたことなどを発表する。

「私はだれでしょう」　　（他者理解）30〜40分

(ねらい)　　友達について理解を深める。（学年の終わりの時期）
(準備する物)　人数分の倍のメモ用紙と筆記用具
(ルール)　　人と異なる経験や気に入っている自分の側面を三つ書く。あとで読み上げ、だれがそれを書いたかを当ててもらう。読み上げられた内容をちゃかしたり批判したりしないこと。
(活動内容)　メモ用紙を配り、「人と異なる経験や気に入っている自分の側面」を三つ書かせる。少なくとも10分くらいの時間の余裕をとる。回収したものを、教師が一人ずつ読み上げる。子どもは書いたと思われる友達の名をメモ用紙に書く。全員分を読み終わったら、書き手を明かし、各自が何人当てることができたかを照合する。
　　　　　　エクササイズをやってみた感想を"ふりかえりカード"などに書く。
(振り返り)　全体で感想を発表し合う。

●相談に関する主な諸機関

教育研究所：教育にかかわって生じる諸問題について、カウンセラーや教師等が相談を通じて、
（教育センター）　指導・助言を行う機関。全国各地に公立・私立の教育研究所がある。もっとも通常行われるものは治療指導としての教育相談である。反社会的行動や非社会的行動、神経症等々の問題行動を示す子どもについて対応するものである。

児童相談所：児童福祉法に基づき都道府県および政令指定都市や中核市に設置され、児童に関するあらゆる問題（①児童虐待なども含めた養護問題、②保健、③心身障害児に関する問題、④触法行為・非行、⑤不登校、⑥しつけ、など）について相談に応じ、問題の原因と児童の健全な育成について判定し、最も適した指導や措置を行う機関。児童福祉司、児童心理司、一時保護施設の児童指導員等の職員がいる。

福祉事務所：都道府県、市および特別区に設けられている福祉行政機関。1951年に発足。主として生活保護法、児童福祉法、身体障害者福祉法、知的障害者福祉法、老人福祉法、母子および寡婦福祉法で定める援護、育成、それに更正の措置を行う。職員は、指導監督職員のほか、身体障害者福祉司、知的障害者福祉司、老人福祉指導主事等。

保健所：地域保健法によって、地域住民の健康の保持および増進を図るため、都道府県及び政令指定都市や中核市、特別区などに設置することとされている。児童福祉法が規定する業務内容は、①児童の保健についての知識普及、②児童の健康相談、健康診断、保健指導、③身体障害児などの療育の指導、④児童福祉施設への栄養改善や衛生等に関する助言などである。

精神保健福祉：精神保健の向上と精神障害者の福祉の増進を図るために、都道府県に設置された
　　センター　　施設（1965年の精神衛生法の改正により「精神衛生センター」として発足、1995年、精神保健法の改正に伴って現在の名称に）。その役割は、地域活動の第一線機関である保健所と協力して、精神保健及び精神障害者の福祉に関する、知識の普及、調査研究、複雑・困難な問題について相談や指導を行うことである。

少年鑑別所：少年法および少年院法に基づいて1949年に法務省所管の専門施設として発足。非行少年等の調査、審判そのほかの処遇を適正に行うため、医学、精神医学、心理学、教育学、社会学等の専門的知識・技術を活用し、資質の鑑別を行う国立の施設である。家庭裁判所から送致された少年を収容し、身柄の確保と調査、審判、保護処分の執行に役立つような資質鑑別を行う。

職業安定所：1947年の職業安定法による機関。関係官庁や関係団体の協力を得て、職業の紹介
（ハローワーク）　や職業指導を行い、各人の能力に見合った職業につく機会を与え、職業の安定を図る。公共職業安定所は、学校を卒業する者に対して学校の職業指導（進路指導）に協力することが義務づけられており、また身体に障害のある者に対しても職業指導を行うことになっている。

●児童虐待の防止等に関する法律（抜粋）——平成20年12月改正——

（目的）
第一条　この法律は、児童虐待が児童の人権を著しく侵害し、その心身の成長及び人格の形成に重大な影響を与えるとともに、我が国における将来の世代の育成にも懸念を及ぼすことにかんがみ、児童に対する虐待の禁止、児童虐待の予防及び早期発見その他の児童虐待の防止に関する国及び地方公共団体の責務、児童虐待を受けた児童の保護及び自立の支援のための措置等を定めることにより、児童虐待の防止等に関する施策を促進し、もって児童の権利利益の擁護に資することを目的とする。

（児童虐待の定義）
第二条　この法律において、「児童虐待」とは、保護者（親権を行う者、未成年後見人その他の者で、児童を現に監護するものをいう。以下同じ。）がその監護する児童（十八歳に満たない者をいう。以下同じ。）について行う次に掲げる行為をいう。
　一　児童の身体に外傷が生じ、又は生じるおそれのある暴行を加えること。
　二　児童にわいせつな行為をすること又は児童をしてわいせつな行為をさせること。
　三　児童の心身の正常な発達を妨げるような著しい減食又は長時間の放置、保護者以外の同居人による（中略）放置その他の保護者としての監護を著しく怠ること。
　四　児童に対する著しい暴言又は著しく拒絶的な対応、児童が同居する家庭における配偶者に対する暴力（中略）その他の児童に著しい心理的外傷を与える言動を行うこと。

（児童に対する虐待の禁止）
第三条　何人も、児童に対し、虐待をしてはならない。

（国及び地方公共団体の責務等）
第四条　（略）
7　何人も、児童の健全な成長のために、良好な家庭的環境及び近隣社会の連帯が求められていることに留意しなければならない。

（児童虐待の早期発見等）
第五条　学校、児童福祉施設、病院その他児童の福祉に業務上関係のある団体及び学校の教職員、児童福祉施設の職員、医師、保健師、弁護士その他児童の福祉に職務上関係のある者は、児童虐待を発見しやすい立場にあることを自覚し、児童虐待の早期発見に努めなければならない。
2　（略）
3　学校及び児童福祉施設は、児童及び保護者に対して、児童虐待の防止のための教育又は啓発に努めなければならない。

（児童虐待に係る通告）
第六条　児童虐待を受けたと思われる児童を発見した者は、速やかに、これを市町村、都道府県の設置する福祉事務所若しくは児童相談所又は児童委員を介して市町村、都道府県の設置する福祉事務所若しくは児童相談所に通告しなければならない。（略）

（親権の行使に関する配慮等）
第十四条　児童の親権を行う者は、児童のしつけに際して、その適切な行使に配慮しなければならない。
2　児童の親権を行う者は、児童虐待に係る暴行罪、傷害罪その他の犯罪について、当該児童の親権を行う者であることを理由として、その責めを免れることはない。

教育相談の姿勢を生かした授業の視点

都立教育研究所　学校教育相談研究室

展開	教師の言動	具体例	キーワード
授業前	指導案の作成 教材・教具の準備	・配慮を要する子への配慮事項を明記する。 ・一人一人に応じた教材等を準備する。	かけがえのない存在 かけがえのない存在
	教師の姿勢 児童・生徒理解	・授業への意欲がある。「楽しみな授業」 ・一人一人の子どもの良い点をたくさん知っておく。	自己理解、自己一致 関心、肯定的な見方
	授業形態の工夫	・子どもの人間関係を考慮して座席や班の編成する。	子どもの立場
開始時	教室環境の整備	・黒板が見やすいように、カーテンを引く。 ・黒板をきれいにした子どもをほめる。	子どもの立場 自己有用感
	出欠の確認	・正確に子どもの名前を呼ぶ。 ・一人一人の目を見て名前を呼ぶ。	関心・承認、教師の一言 サイン
	健康などの観察	・子どもの小さな変化をとらえて声をかける。	関心
授業時	授業への雰囲気つくり	・授業への意欲、興味・関心を高める工夫をする。 ・落ち着いた雰囲気をつくる。	自己有用感 安心感
	説明する	・後ろまで聞えるか確認する。 ・自分の体験などをまじえて話す。	子どもの立場 自己開示
	発問する	・一人一人に応じた発問をする。 ・教師にとっても未知な問いをだし、共に考える。	子どもの立場 同行、自己開示
	指名する	・「わかる人」「できる人」という聞き方をしない。 ・だれもが活躍できる指名の仕方を工夫する。 ・正確な名前で呼ぶ。 ・名前以外で呼ぶときは十分配慮する。	気持ちの理解 公平 かけがえのない存在 関心、自己有用感
	子どもの発言を聴く／子どもの応答に応える	・人により、発問後の答えを待つ時間を短くしない。 ・誤答や不適当な答には、①再度質問したりヒントを与えるなどして、ていねいに応答する。②みんなで考えるようにする。③表情とことばを違えない。 ・答えられない子を傷つけないようにする。 ・十分聴き、すぐに「――なんだね」等とまとめない。	傾聴 ①教師の一言、肯定的な見方②自己有用感 ③ダブルバインド、自己一致 子どもの立場、共感 傾聴、枠組み・先入観
	子どもの発言をつなげる	・子どもの発言を生かす。	関心、自己理解
	子どもの質問に応じる	・質問の意味を明確にする。 ・分からないときは分からないと言う。 ・きちんと対応する。 ・誤りを指摘されたら、認め訂正する。	明確化 正対 正対 自己理解
	示範する	・示範のあと、段階的にポイントを示す。 ・できないときは、その理由を説明する。	子どもの立場、安心感 正対

	子どもと一緒に活動・作業をする	・考える過程につきあう。	同行、安心感
	板書する	・全員が見えるかどうか確認する。 ・一人一人の意図を生かしながら、板書を構成する。	子どもの立場 自己理解、他者理解
	観察する	・つぶやきを敏感に受け止める。 ・姿勢や表情に注意を払う。 ・子どもの様子（グループ・ダイナミックス）の観察	サイン 非言語コミュニケーション 気持ちの理解
	机間指導する	・机間巡視して、一人一人に応じた指導をする。 ・子どもの気持ちに配慮して指導する。 ・励ます。	かけがえのない存在 子どもの立場 教師の一言
	評価する	・良くなった点を評価する（個人内評価） ・個に即したメッセージを与える。 ・教師の期待や願いも伝える。 ・いつも来る子が来ないときは注意深く見守る。	自己有用感 共感、関心 共感、関心 サイン、子どもの立場
	発言や作品をほめる	・よい発言は具体的にほめる。 ・向上心を高めるようにほめる。 ・努力点、長所をほめる。	ほめ方 ほめ方 ほめ方
	答案・作品等を扱う	・成績順に返したりしない。 ・具体的な良さを示して励ます。 ・一言を添えるなどの場合は公平にする。 ・日記や教師あての手紙の公表は本人の承諾を得る。	守秘義務 教師の一言 公平 子どもの立場
	注意する（叱る）	・成績に関係させた叱り方をしない。 ・授業を妨害する子に注意する。 ・思い込みで叱らない。 ・体罰厳禁 ・矛盾した行動をとらない。	公平 正対、叱り方 先入観 かけがえのない存在 ダブルバインド
終了時	まとめの評価をさせる（する）	・自己評価表で自己評価させる。 ・「よくやったね」と全体に話す。 ・教師のことばでまとめない／結論を押しつけない。	自己理解 自己有用感 サイン、子どもの立場
	終鈴を守る	・終鈴を守る。	子どもの立場
授業後	終了直後の質問に応じる	・授業後の質問をていねいに答える。 ・質問に来た意味を考えて対応する。	正対、子どもの立場 心理的事実
授業外	個別に指導する 提出物等大切に扱う 他の教師と情報交換する	・放課後など、理解できていない子を個別指導する。 ・子どもの作品・宿題等をていねいに点検する。 ・授業中の活躍等を知らせ、指導・生徒理解に役立てるとともに、「ことばかけ」に活用する。	かけがえのない存在 かけがえのない存在 関心

索 引

【ア行】
アイデンティティ(自我同一性) 45
遊びの三間 47
アッシュ(Asch, S.E) 123
甘やかされ型 63
いい子 115
意志的交友関係 40
いじめ 65
いじめの4層構造 67
いじめの観衆 67
いじめの心理と構造 68
いじめの態様 71
いじめの傍観者 67
一次的欲求 43
一致性 30
遺伝論 110
いろいろな顔 92
イングラム(Ingram, H) 103
内弁慶 46
うなずき 37
ADHD(Attention Deficit / Hyperactivity Disorder) 81
エクササイズの構成 181
エクササイズの選択 181
エゴグラム(Egogram) 101
エリクソン(Erikson, E.H.) 45
LD(Learning Disabilities) 79
エンカウンター(Encounter Gr.) 178
大人の自我状態(A) 99
親の自我状態(P) 99

【カ行】
外延 89
開発的教育相談 17
回復期(不登校の) 61
開放した領域 103
カウンセリング・マインド 11
隠した領域 103
学習障害 79
学級の雰囲気 132
活動の振り返り 181
環境論 110
観察の仕方 147
観察のポイント 147
感情の分化 91
感情の明確化 37
感情表出のモデル 119
かん黙 83
気づかない領域 103
規範意識の低下 179
基本的欲求 43
ギャングエイジ 139
ギャング集団 47
キューブラ・ロス(E. Kubler-Ross) 152
教育相談の開発的側面 19
教育相談の治療的側面 19
教育相談の定義 17
協応運動の困難 79
共感的理解 32
教師自身の自己理解 159
教師の面接 124
協同遊び 40
恐怖症 53
クライエント(来談者) 111
繰り返し 37
グループエンカウンター 179
グループエンカウンターのエクササイズ 180
ケース 159
欠乏欲求 43
言語心理学 89
言語性LD 79
攻撃性 47
構成的エンカウンター 179
肯定的関心 30
行動パターン 149
行動変容 23
行動変容のプロセス 37
行動枠 130
校内の連携 175
交流分析(Transactional Analysis / TA) 99
心とこころのふれあい 179
孤食 46
個人内評価 137
子どもからのSOS 49
子どもの言動のベースライン 147
子どもの自我状態(C) 99
子どもの変化 149
子どもを客観的に見る目 155
混乱期(不登校の) 59

【サ行】
再登校期 61
再保証 125
自我状態 99
自我同一性 45
自己一致 97
自己開示(教師の) 121
自己決定 37
自己肯定 179
自己洞察 23
自己表現 134
自己分析法 99
自己変容 11
自己理解 98
自主来談 21
失敗回避傾向 47
児童虐待 75
児童虐待防止法 75
社会性の芽生え 139
社会的認知の困難 79
社会的欲求 43
自由な子ども(Free Child) 99
守秘義務 13
受容 31
順応した子ども(Adapted Child) 99
浄化 37
障害受容のプロセス 152
情緒の発達 119
少年非行 72

初期変化　144
初発型非行　73
ジョハリの窓
　　（Johari's window）　103
自立の遅れ　46
事例研究　159
事例研究の進め方　162
事例理解　159
事例レポート　161
事例を考えるポイント　166
心因性の場面かん黙　85
人格的交友関係　40
神経症　49
神経症的不登校　63
進行期（不登校の）　59
身体的・物理的いじめ　71
身体的虐待　75
心的エネルギー　101
心理的いじめ　71
心理的外傷　75
心理的虐待　75
心理的事実　89
心理的離乳　40
心理療法の模倣　13
図と地　105
ストレス　51
ストレスの発散　53
ストローク　133
生活交友関係　40
成長欲求　43
性的虐待　75
生徒指導　19
生徒指導の消極的側面　19
生徒指導の積極的側面　19
選択的かん黙　83
先入観　123
相対評価　137
相談者の三つの条件　30
【タ行】
第一反抗期　40
第二反抗期　40
耐性　136
他者受容　132
多動性　81
だまし絵　107
チック　53
チャンス面接　21

注意欠陥/多動性障害　81
直接的質問　124
治療的教育相談　17
通告の義務　77
デュセイ（Dusay,J.M.）　101
同感　33
登校刺激　59
登校しぶり　57
洞察　37
徒党時代　40
友達関係　116
【ナ行】
内在している不安感情　49
内包　89
二次的欲求　43
人間関係の基本　139
人間性回復運動　178
ネグレクト　75
【ハ行】
バーン（Berne,E）　99
ハヴィガースト
　　（Havighurst,R.J.）　45
初めの印象　123
発達課題　45
発達を規定するもの　110
場面かん黙　83
場面構成　125
ハロー効果（halo effect）
　　113
反社会的問題行動　49
Here and now　31
ピグマリオン効果
　　（Pygmalion effect）　113
非言語コミュニケーション
　　145
非言語性LD　70
非行少年　73
非構成的エンカウンター
　　179
非社会的問題行動　49
批判的な親（Critical Parent）
　　99
秘密保持　163
開かれた質問　129
ファシリテーター　179
不登校　55
不登校の類型　55

ブラインドウォーク　184
ふりかえりカード　182
不良行為少年　73
プレイ・セラピー　85
ブレインストーミング　184
プロセスの評価　136
分離不安型　63
平行遊び　40
傍観者的遊び　40
保護者との信頼関係　151
保護的な親
　　（Nurturing Parent）　99
ホンネとホンネの交流　179
【マ行】
マズロー（Maslow,A.H.）　43
未知の領域　103
三つの私　99
明確化　33
面談時の配慮　128
問題行動　49
問題行動の誘因　51
問題行動の要因　51
【ヤ行】
優等生の息切れ　115
優等生の息切れ型　63
豊かな感性　119
養護教諭　175
陽性のストローク　133
欲求階層説　43
呼び出し面接　21
【ラ行】
来談者中心療法　111
リード　124
ルフト（Luft,J）　103
連合遊び　40
ローゼンソール
　　（Rosenthal,R）　113
ロジャース（Rogers,C.R.）
　　30
【ワ行】
話題選択　125
悪者探し　166

■著者紹介■
久芳美恵子（くばみえこ）　社会福祉法人紅葉の会　理事長

1947年	神奈川県横須賀市生まれ。
1971年	東京教育大学教育学部卒業。
1973年	南カリフォルニア大学音声言語学特別コース修了。
1976年	南カリフォルニア大学教育学部大学院修士課程修了。
1977年	東京都立調布養護学校教諭。
	横浜国立大学教育学部、社会事業大学、国立特殊教育総合研究所で非常勤講師。
1987年	東京都立教育研究所／多摩教育研究所指導主事（教育相談・障害児教育）。
1995年	東京都立教育研究所統括指導主事（教育相談担当）。
1997年	東京女子体育大学・同短期大学助教授（教育相談・心身障害児教育・学生相談カウンセラー）。
2004年	東京女子体育大学・同短期大学教授。
2017年	社会福祉法人紅葉の会　理事長

著書等

『学校教育相談推進資料』	東京都立教育研究所	1991〜1993年
『心の教育と学校再生』共著	東洋館出版社	1999年
『子どもたちは訴える－心の荒れに迫る－』共著	文教書院	1999年
『学級で生かす教育相談』共著	ぎょうせい	2000年
『ノーマライゼーション時代における障害学』共著	福村出版	2002年
『イラスト版 子どもの心のケア』編著	合同出版	2006年
『よくわかる障害児教育』共著	ミネルヴァ書房	2007年
『子ども心理辞典』項目執筆	一藝社	2011年

教師のための教育相談の基礎

2003年 4 月25日　初刷発行
2025年 3 月20日　第14刷発行

著　者　久芳美恵子
発行者　株式会社 三省堂　代表者 瀧本多加志
印刷者　三省堂印刷株式会社
発行所　株式会社 三省堂
　　　　〒102-8371 東京都千代田区麹町五丁目7番地2
　　　　電話　(03) 3230-9411
　　　　https://www.sanseido.co.jp/

©M.Kuba 2003 Printed in Japan

落丁本・乱丁本はお取り替えいたします。

〈教育相談の基礎・192pp.〉
ISBN978-4-385-36129-1

本書を無断で複写複製することは、著作権法上の例外を除き、禁じられています。また、本書を請負業者等の第三者に依頼してスキャン等によってデジタル化することは、たとえ個人や家庭内での利用であっても一切認められておりません。

本書の内容に関するお問い合わせは、弊社ホームページの「お問い合わせ」フォーム（https://www.sanseido.co.jp/support/）にて承ります。